T0287709

Bhante H. Gunaratana

Empezar aquí, empezar ahora

Una breve guía para la meditación mindfulness

Traducción del inglés de Miguel Portillo

editorial Kairós

Título original: START HERE, START NOW
Originally published by Wisdom Publications, Inc.

© 2019 Bhavana Society
All rights reserved

© de la edición en castellano:
2020 by Editorial Kairós, S.A.
www.editorialkairos.com

© de la traducción del inglés al castellano: Miguel Portillo

Fotocomposición: Florence Carreté
Revisión: Alicia Conde
Diseño cubierta: Katrien Van Steen
Impresión y encuadernación: Romanyà-Valls. 08786 Capellades

Primera edición: Marzo 2020
ISBN: 978-84-9988-752-4
Depósito legal: B 2.849-2020

Este libro ha sido impreso con papel certificado FSC, proviene de fuentes
respetuosas con la sociedad y el medio ambiente y cuenta con los
requisitos necesarios para ser considerado un «libro amigo de los bosques».

Sumario

1. ¿Por qué preocuparse de la meditación?   **7**

2. Algunos errores sobre la meditación   **13**

3. Introducción al mindfulness   **17**

4. Diez consejos para una práctica eficaz   **21**

5. La práctica del mindfulness   **25**

6. Encontrar la respiración   **29**

7. Qué hacer con el cuerpo   **35**

8. Qué hacer cuando la mente se distrae   **41**

9. Dónde, cuándo y cuánto tiempo sentarse   **47**

10. Prestar atención   **53**

11. Meditación andando   **57**

12. La inevitabilidad de los problemas   **61**

13. Dolor físico   **65**

14. Piernas dormidas y otras sensaciones extrañas   **71**

15. Somnolencia, incapacidad para concentrarse,
    tedio y aburrimiento   **73**

16. Miedo y agitación   **79**

17. Esforzarse demasiado, esperar demasiado
    y desanimarse   **83**

18. Resistencia a la meditación   **87**

19. Maniobras mentales
    para lidiar con las distracciones   **89**

20. Trabajar con los pensamientos, los juicios
    y la autocrítica   **97**
21. Cinco escollos   **103**
22. Trabajar por igual con todos los estados   **109**
23. El factor final: la acción ética   **115**

Algunos consejos para fomentar el mindfulness   **119**

1. ¿Por qué preocuparse de la meditación?

La meditación no es fácil. Lleva tiempo y energía. También se necesita valor, determinación y disciplina. Requiere una serie de cualidades personales que normalmente consideramos desagradables y que nos gusta evitar siempre que sea posible. Podemos resumir todas estas cualidades con la palabra *agallas*. Para meditar hace falta coraje. Sí, es cierto; es mucho más fácil sentarse y mirar la televisión. Entonces, ¿por qué molestarse? ¿Por qué perder todo ese tiempo y energía cuando podrías estar fuera disfrutando? ¿Por qué? Muy fácil. Porque eres humano.

Y por el simple hecho de que eres humano, te descubres a ti mismo como heredero de una inherente insatisfacción por la vida que sencillamente no va a desaparecer. Puedes suprimirla de tu conciencia durante un tiempo; puedes distraerte durante horas de un tirón, pero siempre regresa, y por lo general cuando menos te lo esperas. De repente, aparentemente de la nada, te sientas, haces balance, y te das cuenta de cuál es tu situación actual en la vida.

Entonces, ¿qué pasa contigo? ¿Eres un bicho raro? ¿Estás

descalabrado? ¿Lo estás haciendo todo mal? No. Solo eres humano. Y tú sufres de la misma enfermedad que afecta a todos los seres humanos. Hay un monstruo dentro de todos nosotros y tiene muchos rostros: tensión crónica, falta de compasión genuina por ti mismo y por los demás (incluyendo las personas más cercanas a ti), sentimientos bloqueados y muerte emocional..., y también tiene muchos, muchos brazos.

Ninguno de nosotros está completamente libre de esa insatisfacción. La negamos. Nos escapamos de ella. Construimos toda una cultura para escondernos de ella, fingimos que no está ahí, y nos distraemos con metas, proyectos y preocupaciones sobre el estatus. Pero nunca desaparece. Es un trasfondo constante en cada pensamiento y en cada percepción, una pequeña voz en el fondo de la mente sigue diciendo: «No es suficiente. Todavía no. Necesito tener más. Tengo que mejorar mi vida. Tiene que ser mejor». Este es el monstruo, el monstruo que se manifiesta en todas partes en infinitas formas sutiles y no tan sutiles.

La esencia de nuestra experiencia es el cambio. El cambio es incesante. Momento a momento, la vida fluye y nunca es la misma. La fluctuación perpetua es la esencia de nuestro universo perceptivo. Surge un pensamiento en tu cabeza y medio segundo después desaparece. Llega otro, y luego ese también desaparece. Un sonido golpea tus oídos, y luego el silencio. Abres los ojos y el mundo se derrama, parpadea y desaparece. La gente entra en tu vida y se va. Los amigos se van, los parientes mueren. La suerte va y viene. A veces se gana, e igual de a menudo se pierde. Es incesante: cambio, cambio, cambio, cambio; no hay dos momentos que sean iguales.

No hay nada malo en ello. Cambiar es la naturaleza del universo. Pero la cultura humana nos ha enseñado algunas respuestas extrañas a este interminable flujo. Clasificamos las experiencias. Intentamos fijar cada percepción, cada cambio mental en este flujo sin fin, en uno de los tres casilleros mentales: bueno, malo o neutro, por lo que no que vale la pena preocuparse. Entonces, según la caja en la que metemos la experiencia, la percibimos con un conjunto de respuestas mentales habituales y fijas. Si una determinada percepción ha sido etiquetada como «buena», tratamos de congelar el tiempo allí mismo. Nos aferramos a ese pensamiento en particular, lo acariciamos, lo mantenemos con fuerza e intentamos evitar que se escape. Cuando eso no funciona, nos esforzamos al máximo en repetir la experiencia que causó el pensamiento. Llamemos a este hábito mental «aferrar».

Al otro lado de la mente está la caja etiquetada como «malo». Cuando percibimos algo «malo», tratamos de alejarlo. Tratamos de negarlo, rechazarlo, arreglarlo, o bien intentamos deshacernos de ello como sea. Luchamos contra nuestra propia experiencia. Huimos de partes de nosotros mismos. Llamemos a este hábito mental «rechazar». Entre estas dos reacciones se encuentra la caja «neutra». Aquí colocamos las experiencias que no son ni buenas ni malas. Son tibias, neutrales, poco interesantes. Empaquetamos la experiencia en la caja neutra para poder ignorarla y así devolver nuestra atención donde está la acción, a saber, nuestra ronda interminable de deseo y aversión. Así que a esta categoría «neutral» de experiencia se le roba la parte de nuestra atención que le corresponde. Llamemos a este hábito mental «ignorar». El resultado directo de toda esta locura es una carrera perpetua en cintas de correr hacia ninguna parte, corriendo sin parar tras el placer, huyendo sin cesar del dolor, e ignorando el 90% de nuestra experiencia. Entonces nos preguntamos por qué la vida parece tan insípida. En última instancia, este sistema no funciona.

Por muchas ganas que pongamos en ir tras el placer y el éxito, hay veces en que fracasamos. Por muy rápido que huyas, hay veces en que el dolor te alcanza. Y entre esas ocasiones, la vida es tan aburrida que podrías gritar. Nuestras mentes están llenas de opiniones y críticas. Nosotros hemos construido muros a nuestro alrededor y estamos atrapados en la prisión de nuestros propios gustos y aversiones. Sufrimos.

No puedes conseguir todo lo que quieres. Es imposible. Por suerte, hay otra opción. Puedes aprender a controlar tu mente, a salir del interminable ciclo de deseo y aversión. Puedes aprender a no querer lo que quieres, a reconocer deseos, pero no ser controlado por ellos. Esto no significa que te tumbes en el camino e invites a todo el mundo a que te pase por encima. Significa que continúas viviendo una vida aparentemente muy normal, pero desde un nuevo punto de vista. Haces las cosas que una persona debe hacer, pero estás libre de esa impulsividad obsesiva y compulsiva de tus propios deseos. Quieres algo, pero no necesitas perseguirlo. Le temes a algo, pero no tienes que quedarte ahí temblando. Este tipo de cultivo mental es muy difícil. Cuesta años. Pero tratar de controlarlo todo es imposible; lo difícil es preferible a lo imposible.

No es posible hacer cambios radicales en el patrón de tu vida hasta que empieces a verte exactamente como eres ahora. Tan pronto como lo hagas, los cambios fluirán de manera natural. No tienes que forzar nada, ni luchar u obedecer las reglas que te dicte alguna autoridad. Es automático, solo tienes que cambiar. Pero llegar a esa visión inicial es toda una tarea. Tienes que ver quién eres y cómo eres sin ilusión, juicio o resistencia de ningún tipo. Tienes que ver tu lugar en la sociedad y tu función como ser social. Tienes que ver tus deberes y obligaciones hacia tus semejantes y, sobre todo, tu responsabilidad hacia ti mismo como individuo que vive con otros individuos. Y, finalmente, tienes que ver todo eso claramente como una sola unidad, un todo irreductible de interrelación. Suena complejo, pero puede ocurrir en un solo instante. El refinamiento mental a través de la meditación no tiene rival a la hora de ayudarte a lograr este tipo de entendimiento y serena felicidad.

A la meditación se la llama el Gran Maestro. Es la hoguera purificadora que funciona lentamente, pero con seguridad, a través de la comprensión. Cuanto mayor sea tu comprensión, más flexible, tolerante y compasivo puedes ser. Te conviertes en un padre perfecto o un maestro ideal. Estás listo para perdonar y olvidar. Sientes amor hacia otros porque los entiendes, y entiendes a los demás porque te has entendido a ti mismo. Has mirado profundamente en tu interior y has visto autoengaño y tus propios defectos humanos, has observado tu propia humanidad y has aprendico a perdonar y a amar. Cuando aprendes a tener compasión por ti mismo, la compasión por los demás es automática. Un meditador consumado alcanza una profunda comprensión de la vida, e inevitablemente se relaciona con el mundo con un amor profundo y acrítico.

La meditación es muy parecida a cultivar una nueva tierra. Para hacer un campo de un bosque, primero tienes que limpiar los árboles y sacar los tocones. Luego labras la tierra y la fertilizas, siembras las semillas y recolectas las cosechas. Para cultivar tu mente, primero tienes que limpiar los diversos irritantes que están en el camino, sacarlos de raíz para que no vuelvan a crecer. Luego fertilizas: bombeas energía y disciplina al suelo mental. Entonces siembras la semilla, y cosechas tus cultivos de fe, moralidad, conciencia y sabiduría.

El propósito de la meditación es la transformación personal. El «tú» que entra por un lado de la experiencia de la meditación no es el mismo «tú» que sale por el otro lado. La meditación cambia tu carácter mediante un proceso de sensibilización, haciéndote profundamente consciente de tus propios pensamientos, palabras y acciones. Tu arrogancia se evapora, y tu antagonismo se seca. Y tu vida se suaviza. Así es como la meditación, bien realizada, te prepara para enfrentarte a los altibajos de la existencia. Reduce la tensión, el miedo y la preocupación. La inquietud retrocede y la pasión se modera. Las cosas empiezan a encajar, y tu vida fluye con facilidad y deja de resultarte costosa. Todo esto sucede a través de la comprensión.

2. Algunos errores sobre la meditación

Hay una serie de conceptos erróneos o errores comunes sobre la meditación. Es mejor que nos ocupemos de ellos antes que nada, porque son el tipo de preconcepciones que pueden bloquear tu progreso en la práctica de la meditación desde el principio. Vamos a analizar estos errores uno a uno y a erradicarlos.

Error 1:
La meditación es solo una técnica de relajación.
Realidad: la relajación es un subproducto beneficioso de la meditación, pero no el objetivo.

Error 2:
Meditar significa entrar en trance.
Realidad: no estás tratando de dejar en blanco tu mente para volverte inconsciente, ni tampoco estás tratando de convertirte en un vegetal sin emociones. En todo caso, lo contrario es cierto: estarás cada vez más en sintonía con tus propios

cambios emocionales. Aprenderás a conocerte a ti mismo de una forma cada vez más clara y precisa.

Error 3:

La meditación es una práctica misteriosa que no puede ser entendida racionalmente.

Realidad: la meditación trata de niveles de conciencia que son más profundos que el pensamiento conceptual. Por lo tanto, algunas de las experiencias de meditación no pueden explicarse con palabras. Eso no significa, sin embargo, que la meditación no pueda ser entendida. La meditación necesita ser entendida practicándola. Es una investigación y un experimento, una aventura cada vez. Es esencial aprender a considerar cada segundo como si fuera el primer y único segundo en el universo.

Error 4:

La meditación es peligrosa.

Realidad: si te lo tomas con calma, el desarrollo de tu práctica meditativa ocurrirá de forma muy natural. No hay que forzar nada. Más tarde, cuando te halles bajo el escrutinio cercano y la sabiduría protectora de un maestro competente, podrás acelerar tu ritmo de crecimiento explorando un período de meditación intensiva. Al principio, sin embargo, lo más conveniente es no forzar. Trabaja con cuidado.

Error 5:

La meditación es huir de la realidad.

Realidad: la meditación no te aísla del dolor de la vida, sino que te permite ahondar tan profundamente en la vida y en todos sus aspectos que traspasas la barrera del dolor y vas más allá del sufrimiento. La meditación te dirige directamente *hacia* la realidad.

Error 6:

La meditación es una gran manera de sentir siempre la bienaventuranza.

Realidad: la meditación produce sensaciones de bienaventuranza maravillosas algunas veces, pero estas no son el propósito, y no siempre ocurren. Además, si practicas meditación con ese propósito en mente, es menos probable que las experimentes que si solo meditas para el verdadero propósito de la meditación, que es aumentar la conciencia.

Error 7:

La meditación es egoísta.

Realidad: el hecho es que somos más egoístas de lo que pensamos. El ego tiene una manera de convertir las actividades más elevadas en basura si se le permite el libre albedrío. A través de la meditación, nos hacemos conscientes de nosotros mismos exactamente como somos, despertando a las numerosas maneras sutiles en que ponemos en funcionamiento nuestro propio egoísmo. Entonces realmente comenzamos a ser desinteresados de forma genuina. Limpiarse de egoísmo no es una actividad egoísta.

Error 8:

Meditar significa sentarse a pensar en pensamientos elevados.

Realidad: al igual que la bienaventuranza, los pensamientos elevados pueden surgir durante la práctica. Ciertamente no hay que evitarlos, pero tampoco hay que buscarlos. También son solo efectos secundarios agradables. Lo que surge, surge. Es muy sencillo.

Error 9:

La meditación hará que todos mis problemas desaparezcan.

Realidad: desafortunadamente, la meditación no es una cura rápida para todo. Puedes comenzar a percibir cambios de inmediato, pero los efectos realmente profundos acaban notándose con los años. Esa es la forma en que el universo se construye. No se consigue nada que valga la pena de la noche a la mañana. La paciencia es la clave. Paciencia. Si no aprendes nada más de la meditación, al menos aprenderás a tener paciencia. La paciencia es esencial para cualquier cambio.

3. Introducción al mindfulness

Este libro enseña el cultivo directo y gradual del mindfulness o atención plena. Tradicionalmente, este tipo de práctica se ha conocido como *vipassana*.

A través del mindfulness, nos vamos haciendo conscientes de lo que somos en realidad y de lo que se esconde bajo la imagen de nuestro ego. Despertamos a lo que la vida es realmente. No es solo un desfile de altibajos, de pequeños incentivos y golpecitos en la espalda. La vida tiene una textura mucho más profunda que esa si nos molestamos en observar, y si observamos de la manera correcta.

El mindfulness es una forma de entrenamiento mental que te enseñará a experimentar el mundo de una forma completamente nueva. Aprenderás por primera vez a darte cuenta de lo que de verdad te está sucediendo, de lo que ocurre a tu alrededor y dentro de ti. Es un proceso de autodescubrimiento, una investigación participativa en la que observas tus propias experiencias mientras participas en ellas. Te encontrarás a ti mismo mirando las cosas de forma objetiva, exactamente como están fluyendo y cambiando momento a momento. La vida entonces adquiere una riqueza increíble que no puede ser descrita. Hay que experimentarla.

A través de esta práctica, nos entrenamos para ver la realidad exactamente como es. Este proceso de mindfulness es muy diferente de lo que solemos hacer; es decir, ver la vida a través de una pantalla de pensamientos y conceptos que confundimos con la realidad. Nos quedamos tan atrapados en esta corriente interminable de pensamientos que la realidad fluye sin ser percibida. Nos pasamos el tiempo absortos en la actividad, atrapados en una búsqueda eterna de placer, gratificación y eterna huida del dolor y lo desagradable. Gastamos todas nuestras energías en tratar de sentirnos bien y enterrar nuestros miedos, buscando interminablemente la seguridad. Mientras tanto, el mundo de la experiencia real fluye intacto y sin probarlo.

En la meditación mindfulness nos entrenamos para ignorar los impulsos constantes que se fijan, cambian y controlan, y en su lugar nos sumergimos plenamente en la realidad. Al hacerlo así, empezamos a descubrir la verdadera paz. La ironía radica en que la auténtica paz solo llega cuando dejas de perseguirla.

Cuando relajas tu deseo impetuoso de comodidad, surge una verdadera satisfacción. Cuando abandonas tu frenética búsqueda de la gratificación, la verdadera belleza de la vida sale a la luz. Cuando busques conocer la realidad sin ilusiones, con todo su dolor y peligro, la verdadera libertad y seguridad serán tuyas. Esto no es una doctrina, un dogma, ni siquiera una creencia; es una realidad observable, algo que puedes y debes ver por ti mismo.

La meditación mindfulness nos enseña cómo escudriñar nuestra propia experiencia con gran precisión. Aprendemos a observar el surgimiento de pensamientos y percepciones con una sensación –y nuestras propias reacciones a los estímulos– de calma y claridad. Empezamos a vernos a nosotros mismos respondiendo sin caer atrapados en las propias reacciones. La naturaleza obsesiva del pensamiento muere poco a poco.

Este escape de la naturaleza obsesiva del pensamiento produce una visión completamente nueva de la realidad. Es un cambio de paradigma completo, un cambio total en el mecanismo perceptivo. Trae consigo la dicha de la emancipación de las obsesiones. Debido a estas ventajas, el budismo considera que esta es una forma de ver las cosas como una visión correcta de la vida; esto es ver las cosas como en verdad son, incluyéndote a ti mismo: te ves exactamente como eres. Ves tu propio comportamiento egoísta. Ves tu propio sufrimiento.

Y ves cómo creas ese sufrimiento. Ves cómo hieres a los demás. Perforas a través de la capa de mentiras que normalmente te cuentas a ti mismo y ves lo que realmente hay ahí.

Ver las cosas como son te permite responder con sabiduría.

4. Diez consejos para una práctica eficaz

Las siguientes actitudes son esenciales para tener éxito en la práctica.

Consejo 1: No esperar nada.

Siéntate y observa lo que suceda. Imagínate que se trata de un experimento. Participa activamente en la prueba, pero no te dejes distraer por tus expectativas acerca de los resultados. Por eso no has de preocuparte por ningún resultado. Deja que la meditación avance a su propio ritmo y en su propia dirección. Permite que la meditación te enseñe. La conciencia meditativa busca ver la realidad como es. Independientemente de si esto corresponde o no a nuestras expectativas, requiere de una suspensión temporal de todos nuestros prejuicios e ideas. Debemos apartar nuestras imágenes, opiniones e interpretaciones durante la sesión. De lo contrario, nos tropezaremos con ellos.

Consejo 2: No te esfuerces.
No fuerces nada ni hagas grandes y exagerados esfuerzos. La meditación no es agresiva. No hay lugar ni necesidad de esfuerzos violentos. Solo permite que tu esfuerzo sea relajado y constante.

Consejo 3: No te apresures.
No hay prisa, así que tómate tu tiempo. Siéntate en un cojín como si dispusieras de todo el día. Cualquier cosa realmente valiosa requiere de tiempo para desarrollarse. Paciencia, paciencia, paciencia.

Consejo 4: No te aferres a nada, y no rechaces nada.
Venga lo que venga, ajústate a ello, sea lo que sea. Si surgen buenas imágenes mentales, está bien. Si surgen malas imágenes mentales, eso también está bien. Míralo todo como si fuese igual, y acomódate a cualquier cosa que suceda. No luches con lo que experimentes, solo obsérvalo todo con atención.

Consejo 5: Suelta.
Aprende a fluir con todos los cambios que surjan. Suelta y relájate.

Consejo 6: Acepta todo lo que aparezca.
Acepta tus sentimientos, incluso los que no desearías tener. Acepta tus experiencias, incluso las que odias. No te

condenes a ti mismo por tener defectos y fallos humanos. Aprende a ver todos los fenómenos mentales como perfectamente naturales y comprensibles. Trata de ejercer una aceptación desinteresada en todo momento con respecto a todo lo que experimentes.

Consejo 7: Sé cariñoso contigo mismo.

Sé amable contigo mismo. Puede que no seas perfecto, pero eres todo lo que tienes para trabajar. El proceso de convertirte en quien serás comienza primero con la aceptación total de quien eres.

Consejo 8: Investiga por ti mismo.

Cuestiónalo todo. No des nada por sentado. No creas nada porque parezca sabio y piadoso o porque lo dijo algún hombre santo. Compruébalo por ti mismo. Eso no significa que debas ser cínico, insolente o irreverente. Significa que debes ser empírico. Somete todas las declaraciones a la prueba real de tu propia experiencia, y deja que los resultados sean tu guía hacia la verdad. La meditación de introspección evoluciona a partir de un anhelo interior de despertar a lo que es real y para obtener una visión liberadora en la verdadera estructura de la existencia. Toda la práctica depende de este deseo de despertar a la verdad. Sin él, se vuelve superficial.

Consejo **9: Considera todos los problemas como desafíos.**

Contempla las negatividades que surgen como oportunidades para aprender y crecer. No huyas de ellas, no te condenes a ti mismo o entierres tu pesar en un santo silencio. ¿Tienes algún problema? Genial. Más grano para el molino. Regocíjate, sumérgete e investiga.

Consejo **10: No caviles.**

No necesitas resolverlo todo. El pensamiento discursivo no te liberará de la trampa. En la meditación, la mente se purifica de forma natural mediante el mindfulness, con una atención plena sin palabras. La deliberación habitual no es necesaria para eliminar aquellas cosas que te mantienen esclavizado. Todo lo que se necesita es una percepción clara y no conceptual de lo que esas cosas son y de cómo funcionan. Eso basta para disolverlas. Los conceptos y el razonamiento no llegan. No pienses. Observa.

5. La práctica del mindfulness

Siéntate derecho y permite que tu cuerpo permanezca inmóvil, completamente quieto. Después cierra los ojos o baja la mirada. Nuestra mente es análoga a un vaso de agua turbia. Cuanto más tiempo mantengas un vaso de agua turbia inmóvil, más se asienta el polvo y más clara se irá viendo el agua. Del mismo modo, si te mantienes en silencio sin mover tu cuerpo, centrando toda tu atención en el objeto de tu práctica, tu mente se calma y empieza a experimentar los frutos de la meditación.

Debemos mantener nuestra mente en el momento presente. El momento presente cambia tan rápidamente que un observador casual no parece notar su existencia en absoluto. Cada momento es un momento de acontecimientos; ningún momento pasa sin un acontecimiento. Por lo tanto, el momento en que tratamos de prestar atención es el momento presente. Nuestra mente pasa por una serie de eventos de la misma manera que una serie de imágenes pasan a través de un proyector. Algunas de esas imágenes provienen de nuestras experiencias pasadas y otras son producto de lo que nuestra imaginación fantasea sobre lo que planeamos hacer en el futuro.

La mente nunca puede concentrarse sin un objeto mental. Por lo tanto, debemos darle un objeto que esté fácilmente disponible en cada momento presente. Uno de esos objetos es nuestra respiración. La mente no tiene que hacer un gran esfuerzo para encontrar la respiración. Esta fluye entrando y saliendo por nuestras fosas nasales en todo momento. Como nuestra práctica de meditación de introspección tiene lugar en todos los momentos despiertos, a nuestra mente le resulta muy fácil concentrarse en la respiración, ya que es más conspicua y constante que cualquier otro objeto.

Para comenzar, respira profundamente tres veces. Después de realizar tres respiraciones profundas, pasa a respirar con normalidad, permitiendo que tu respiración fluya libremente, sin esfuerzo, y empieza a concentrar tu atención en los bordes de las fosas nasales. Simplemente nota la sensación de la respiración entrando y saliendo. Cuando se completa una inspiración, antes de empezar a espirar, tiene lugar una breve pausa. Fíjate en ella y nota el comienzo de la espiración. Cuando se completa la espiración, tiene lugar otra breve pausa antes de empezar a inspirar de nuevo. Fíjate también en esta pequeña pausa. Esto significa que hay dos breves pausas en la respiración, una al final de la inspiración y la otra al final de la espiración. Estas dos pausas se producen en un momento tan breve que tal vez te pasen desapercibidas. Pero cuando estás atento, puedes notarlas.

No verbalices ni conceptualices nada. Simplemente nota la respiración entrante y saliente sin decir «inspiro» o «espiro».

Cuando concentras tu atención en la respiración, ignora cualquier pensamiento, recuerdo, sonido, olor, sabor o sensación y concentra tu atención exclusivamente en la respiración, en nada más.

Al principio, tanto las inspiraciones como las espiraciones son cortas porque el cuerpo y la mente no están tranquilos y relajados. Fíjate en la sensación de las inspiraciones y espiraciones cortas cuando ocurren sin decir «inspiración corta» o «espiración corta». A medida que continúes notando la sensación de la inspiración y la espiración cortas, tu cuerpo y tu mente se van calmando relativamente. Entonces tu respiración se alarga. Fíjate en cómo es la sensación de esa larga respiración sin decir «respiración larga». Luego observa todo el proceso de respiración desde el principio hasta el final. Posteriormente, la respiración se vuelve sutil, y la mente y el cuerpo se tranquilizan más que antes. Fíjate en esta sensación de calma y paz en tu respiración.

La respiración sirve como punto de referencia vital del que se aleja la mente que se distrae y hacia donde vuelve a ser atraída. Ese es el marco de referencia respecto al que podemos ver los cambios incesantes y las interrupciones que ocurren todo el tiempo como parte del proceso de pensamiento normal.

Un símil tradicional compara la meditación al proceso de domar a un elefante salvaje. El procedimiento para hacer tal cosa era atar a un animal recién capturado a un poste o estaca con una cuerda fuerte y gruesa. Esto no le gusta nada al elefante, que grita, pisotea y tira de la cuerda durante días.

Finalmente, se percata de que no puede escapar, y se calma. Llegados a este punto puedes empezar a darle de comer y a manejarle con cierta prevención.

Con el tiempo puedes prescindir de la cuerda y entrenar a tu elefante para varias tareas. Ahora tienes un elefante domado que se puede poner a trabajar de forma útil. En esta analogía, el elefante salvaje es tu mente, salvajemente activa, la soga es la atención, y el poste es tu objeto de meditación, tu respiración. El elefante domado que emerge de este proceso está bien entrenado, es una mente concentrada que puede ser utilizada para el trabajo extremadamente duro de perforar las capas de ignorancia que oscurecen la realidad. La meditación doma la mente.

6. Encontrar la respiración

El primer paso para usar la respiración como objeto de meditación es encontrarla. Lo que se busca es la sensación física y táctil del aire que entra y sale por las fosas nasales. Por lo general, estas sensaciones se hallan justo dentro de la punta de la nariz. Pero el lugar exacto varía de una persona a otra, dependiendo de la forma de la nariz. Para encontrar el tuyo, respira profundamente y observa el punto justo dentro de la nariz o en el labio superior o en cualquier lugar donde tengas la sensación más clara del paso del aire. A continuación espira y nota la sensación en el mismo lugar. A partir de este punto notarás todo el paso de la respiración. Una vez que lo hayas localizado con claridad, céntrate en él. Utiliza este único punto para mantener tu atención fija.

Como meditador, concentras tu atención en ese único punto de sensación. Desde esta posición, observas el movimiento entero de la respiración con atención clara y recogida. No intentes controlar la respiración. Esto no es un ejercicio de respiración del tipo que se hace en el yoga. Concéntrate en el movimiento natural y espontáneo de la respiración. No aumentes su profundidad o su sonido. Permite únicamente que la respiración se mueva con plena naturalidad, como si estuvieras dormido. Suelta y permite que el proceso continúe a su propio ritmo.

La respiración, que parece tan monótona y poco interesante a primera vista, es en realidad enormemente compleja y fascinante. Si te fijas, te percatas de que está llena de variaciones delicadas. Hay inspiración y espiración, respiración larga y respiración corta, respiración profunda, respiración superficial, respiración suave e irregular. Estas categorías se combinan entre sí de formas sutiles e intrincadas. Observa la respiración de cerca. Estúdiala de verdad. Descubrirás enormes variaciones y un ciclo constante de patrones repetidos. Es como una sinfonía. No te limites a observar el contorno desnudo de la respiración. Hay más cosas que ver aquí además de una inspiración y una espiración. Cada respiración tiene un principio, un medio y un final. Cada inspiración pasa por un proceso de nacimiento, crecimiento y muerte, y cada espiración hace lo mismo. La profundidad y la velocidad de tu respiración cambian de acuerdo con tu estado emocional, el pensamiento que fluye a través de tu mente, y los sonidos que oyes. Estudia estos fenómenos.

Ello no significa, sin embargo, que debas estar sentado ahí teniendo pequeñas conversaciones en el interior de tu cabeza: «Hay una inspiración corta e irregular y hay una espiración profunda y larga. Me pregunto cómo será la siguiente respiración». Simplemente presencia el fenómeno y vuelve a prestar atención a la observación de la sensación de la respiración. Las distracciones mentales volverán. Pero devuelve tu atención a la respiración otra vez, y otra vez, y otra vez, y otra vez…, y todas las veces que sean necesarias.

Cuando inicies este procedimiento por primera vez, deberás hacer frente a algunas dificultades. Tu mente se alejará constantemente, revoloteando por ahí como un abejorro o corriendo y brincando como un mono, alejándose por las tangentes más alocadas. Intenta no preocuparte. El fenómeno de la mente del mono es bien conocido. Es algo con lo que todos los meditadores veteranos han tenido que lidiar y practicar. Lo han superado de una u otra forma, y tú también puedes hacerlo. Cuando esto suceda, simplemente percibe el hecho de que has estado pensando, soñando despierto, preocupándote o lo que sea. Con suavidad, pero con firmeza, sin alterarte ni juzgarte por distraerte, regresa a la simple sensación física de la respiración. Vuelve a hacerlo de nuevo la próxima vez, y de nuevo, y de nuevo, y de nuevo, y de nuevo.

En algún momento de este proceso, te encontrarás cara a cara con la repentina y chocante comprensión de que estás completamente loco. Tu mente es una casa de locos chillona y balbuceante sobre ruedas que se desliza de forma precipitada cuesta abajo, fuera de control e indefensa. No hay problema. No estás más loco de lo que estabas ayer. Siempre ha sido así, y nunca te has dado cuenta. Tampoco estás más loco que todos los que te rodean. La única diferencia real es que tú te has enfrentado a la situación; ellos no. Así que todavía se sienten relativamente cómodos. Eso no significa que estén en mejor situación. La ignorancia puede ser una gozada, pero no conduce a la liberación. Así que no permitas que esta observación te perturbe. Es un hito, en realidad, una señal de progreso real. El hecho de que hayas mirado el problema de frente significa que estás camino de superarlo y de abandonarlo.

En la observación sin palabras de la respiración, hay dos estados que deben evitarse: *pensar* y *hundirse*. La mente pensante es una manifestación clara de la mente del mono. La mente que se hunde es casi lo contrario. Como término general, el *hundimiento* denota cualquier atenuación de la conciencia.

En el mejor de los casos, es una especie de vacío mental en el que no hay pensamiento, ni observación de la respiración, ni conciencia de nada. Es una brecha, un área gris mental sin forma, más bien como un sueño sin sueños. La mente que se hunde es un vacío. Evítalo.

Cuando encuentres que has caído en el estado de hundimiento de la mente, limítate a percibir el hecho y devuelve tu atención a la sensación de respirar. Observa la sensación táctil de la inspiración. Siente la sensación táctil de la espiración. Inspira, espira, y observa lo que pasa. Cuando lleves haciendo eso durante algún tiempo –quizá semanas o meses–, empezarás a sentir esa sensación táctil como un objeto físico. Simplemente continúa con el proceso; inspira y espira. Observa lo que sucede. A medida que tu concentración vaya profundizando, tendrás cada vez menos problemas con la mente del mono. Tu respiración se ralentizará, y la podrás seguir mejor y con más claridad, con menos y menos interrupciones.

Puedes empezar a experimentar un estado de gran calma en

el que se disfruta de una completa libertad de esas cosas que llamamos irritantes psíquicos. No hay codicia, lujuria, envidia, celos u odio. La agitación desaparece. El miedo huye. Ahora están presentes estados mentales hermosos, claros y dichosos, pero son temporales, y terminarán cuando la meditación finalice. Sin embargo, incluso estas breves experiencias cambiarán tu vida. Esto no es la liberación, pero sí trampolines en el camino que conduce en esa dirección. Sin embargo, no esperes una felicidad instantánea. Incluso estos escalones requieren de tiempo, esfuerzo y paciencia.

El propósito de la meditación no es tratar con problemas. No uses tu práctica para pensar en tus problemas. Ponlos a un lado con suavidad. Tómate un descanso de toda esa preocupación y planificación, del frenesí. Deja que tu meditación sea unas vacaciones completas. Confía en ti mismo, confía en tu propia capacidad para lidiar con estos problemas más tarde, usando la energía y la frescura mental que acumulaste durante tu meditación. Confía en ti mismo de esta manera y realmente ocurrirá.

No te fijes metas que sean demasiado elevadas para alcanzarlas. Sé amable contigo mismo. Trata de seguir tu propia respiración continuamente. Tómate tu tiempo en unidades pequeñas. Al principio de una inspiración, toma la resolución de seguir la respiración solo durante el período de esa inspiración. Aunque no sea tan fácil, al menos se puede hacer. Luego, al comienzo de la espiración, resuelve seguir la respiración solo durante esa espiración, hasta el final. Aun así fallarás repetidamente, pero sigue con ello.

Cada vez que tropieces, empieza de nuevo. Una respiración cada vez. Este es el nivel del juego en el que puedes ganar. Persevera, con una resolución renovada en cada ciclo respiratorio, en pequeñas unidades de tiempo. Observa cada respiración con cuidado y precisión, una fracción de segundo después de otra, con una resolución renovada.

El mindfulness de la respiración es una conciencia del ahora. Cuando lo estás haciendo de la forma correcta, solo eres consciente de lo que está ocurriendo en el presente. No miras hacia atrás, y no miras hacia delante. Te olvidas de la última respiración y no te anticipas a la siguiente. Cuando la inspiración apenas comienza, no anticipas el final de la inspiración. No se salta hacia delante, a la espiración que viene después. Te quedas ahí mismo con lo que realmente está sucediendo. La inspiración comienza, y a eso es a lo que le prestas atención; a eso y a nada más.

La meditación es un proceso de readaptación de la mente. El estado al que aspiras es el de estar totalmente consciente de todo lo que está sucediendo en tu propio universo perceptivo, exactamente como sucede, exactamente cuando sucede; conciencia total e ininterrumpida en el tiempo presente. Esta es una meta muy elevada, y no puede alcanzarse de golpe. Se necesita práctica, así que empezamos poco a poco.

Empezamos siendo totalmente conscientes de una pequeña unidad de tiempo, de una sola inspiración. Y, cuando tienes éxito, estás en camino a una nueva experiencia de vida.

7. Qué hacer con el cuerpo

Hay posturas tradicionales para la meditación, cuyo propósito es triple. Primero, proporcionan una sensación de estabilidad en el cuerpo. Esto te permite apartar la atención de cuestiones como el equilibrio y la fatiga muscular, de modo que puedas concentrar tu atención en el aspecto formal objeto de la meditación. En segundo lugar, fomentan la inmovilidad física, que luego se refleja en una inmovilidad mental. Esto crea una concentración muy estable y tranquila. Tercero, facilitan la capacidad de sentarse durante un largo período de tiempo sin ceder a los tres principales «enemigos» del meditador: dolor, tensión muscular y caer dormido.

Al elegir una de las posturas que presentamos más adelante, opta por la que te permita sentarte durante más tiempo sin demasiado dolor, y permanecer totalmente inmóvil. Experimenta con diferentes posturas. Comprueba cuál te funciona mejor.

Lo más esencial es sentarse con la espalda derecha. La columna vertebral debe estar erguida con las vértebras como una pila de monedas, una encima de la otra. La cabeza debe estar alineada con el resto de la columna vertebral. Todo esto se hace de una manera relajada. No hay rigidez. No eres un soldado de madera, y no hay ningún sargento instructor. No debe haber tensión muscular al mantener la espalda derecha. Siéntate ligero y tranquilo. La columna vertebral debe ser como un árbol joven y firme que crece en un terreno blando. El resto del cuerpo solo cuelga de ella de una manera suelta y relajada.

Tu objetivo es lograr una postura en la que puedas sentarse durante todo el período de meditación sin moverte en absoluto. Al principio, probablemente te sentirás un poco raro al sentarte con la espalda derecha, pero esto es esencial. Es lo que se conoce en fisiología como una postura de alerta, acompañada de agudeza mental. Si te encorvas, estarás invitando a la somnolencia.

Sobre lo que te sientas es igualmente importante. Vas a necesitar una silla o un cojín, dependiendo de la postura que elijas, y la firmeza del asiento debe ser escogida con cuidado. Un asiento demasiado blando puede hacer que te duermas, pero si es demasiado duro puede inducir dolor.

Posturas tradicionales

Cuando te sientes en el suelo a la manera tradicional, necesitarás un cojín para elevar tu columna vertebral. Elije uno que sea relativamente firme y de alrededor de ocho centímetros de grosor cuando se comprima. Siéntate cerca del borde delantero del cojín y deja que tus piernas cruzadas descansen en el suelo por delante de ti.

Si el suelo está alfombrado, puede que baste para protegerte las espinillas y tobillos de la presión. Si no es así, probablemente necesitarás algún tipo de acolchado para las piernas. Una manta doblada servirá. No te sientes en la parte de atrás del cojín. Esta posición hace que su borde frontal presione en la cara interior del muslo, pellizcando los nervios. El resultado será dolor en las piernas.

Hay varias maneras de doblar las piernas.

Estilo amerindio. El pie derecho se mete bajo la rodilla izquierda y el pie izquierdo bajo la rodilla derecha.

Estilo birmano. Ambas rodillas y ambos tobillos tocan el suelo, con las piernas cruzadas, con una pierna por delante de la otra.

Medio loto. Ambas rodillas tocan el suelo en una postura de piernas cruzadas. Una pierna y un pie se apoyan a lo largo de la pantorrilla y el muslo de la otra pierna.

Loto entero. Ambas rodillas tocan el suelo, y las piernas se cruzan a la altura de las pantorrillas. El pie izquierdo descansa sobre el muslo derecho, y el pie derecho lo hace sobre el muslo izquierdo. Las dos plantas de los pies miran hacia arriba.

En todas estas posturas, tus manos permanecen ahuecadas una sobre la otra, y descansan sobre tu regazo con las palmas hacia arriba. Las manos se encuentran justo por debajo del ombligo, con el pliegue de cada muñeca presionado contra el muslo. Esta postura del brazo proporciona una sujeción firme a la parte superior del cuerpo. No aprietes los músculos del cuello ni de los hombros. Relaja los brazos. El diafragma está relajado, expandido a su máxima plenitud. No dejes que la tensión se acumule en el área del estómago. Tu barbilla está levantada. Tus ojos pueden permanecer abiertos o cerrados. Si los mantienes abiertos, baja la mirada o fíjala suavemente hacia abajo, a media distancia, sin mirar nada en concreto. Solo estás depositando la mirada donde no hay nada especial que ver, así que puedes olvidarte de la visión. No te esfuerces, no te pongas tenso ni rígido. Relájate; deja que el cuerpo esté natural y flexible. Deja que cuelgue de la columna vertebral erecta como una muñeca de trapo.

Utilizar una silla

Sentarse en el suelo puede no ser una opción factible para ti a causa del dolor o por alguna otra razón. ¡No hay problema! Siempre puedes usar una silla en su lugar. Elige una que tenga un asiento nivelado, un respaldo derecho, y sin reposabrazos. Lo mejor es sentarse de tal manera que la espalda no se apoye en el respaldo de la silla. El material del asiento no debe hincarse en la parte inferior de tus muslos. Coloca las piernas una al lado de la otra, con los pies apoyados en el suelo. Al igual que con las posturas tradicionales, coloca las manos sobre tu regazo, ahuecada una sobre la otra. Relaja los músculos del cuello o de los hombros, y también los brazos. Puedes tener los ojos abiertos o cerrados.

Recuerda tus objetivos en todas las posturas anteriores. Deseas alcanzar un estado de completa quietud física, pero no quieres caer dormido. Recordemos la analogía del agua sucia. Deseas alentar un estado totalmente estable en el cuerpo, lo que engendrará la correspondiente calma mental. También debe existir un estado de alerta física, lo que puede inducir el tipo de claridad mental que buscas. Así que experimenta. Tu cuerpo es una herramienta para crear los estados mentales deseados. Úsalo con sensatez.

Indumentaria

La ropa que utilices en la meditación debe ser suelta y suave. Si restringe el flujo sanguíneo o presiona sobre los nervios, el resultado será dolor y/o ese entumecimiento con hormigueo que normalmente llamamos «piernas dormidas». Si usas cinturón, aflójalo. No utilices pantalones apretados ni ajustados de material grueso. Las faldas largas son una buena elección para las mujeres. Pantalones sueltos hechos de tela fina o de tejido elástico está bien para cualquiera. La ropa suave y suelta es la indumentaria tradicional en Asia, y adopta una enorme variedad de estilos, como *sarongs* y kimonos. Quítate los zapatos, y si los calcetines te aprietan, sácatelos también.

8. Qué hacer cuando la mente se distrae

A pesar de tu esfuerzo consciente por mantener la atención en tu respiración, la mente probablemente deambulará y se distraerá. Tan pronto como notes que no está centrada en tu objeto, tráela de vuelta con cuidado. A continuación tienes algunas sugerencias para ayudarte a obtener la concentración necesaria para la práctica de mindfulness.

Cinco métodos para contar

En una situación como esta, contar la respiración puede ayudar. El propósito de contar es simplemente concentrar la mente en la respiración. Una vez que tu mente esté concentrada en la respiración, deja de contar. Existen numerosas formas de contar. Cualquier manera de hacerlo debe hacerse mentalmente. No hagas ningún ruido cuando cuentes. Las siguientes son algunas de esas formas.

En el primer método, mientras inspires, cuenta «uno, uno, uno, uno, uno...» hasta que los pulmones estén llenos de aire fresco. Mientras espires, cuenta «dos, dos, dos, dos...» hasta que los pulmones estén vacíos de aire fresco. Luego, mientras inspiras de nuevo, cuenta «tres, tres, tres, tres, tres, tres...» hasta que los pulmones estén llenos de nuevo, y mientras espiras, cuenta de nuevo «cuatro, cuatro, cuatro, cuatro, cuatro...» hasta que los pulmones estén vacíos de aire. Cuenta hasta diez y repite el ejercicio tantas veces como sea necesario para mantener la mente concentrada en la respiración.

El segundo método de conteo consiste en contar rápidamente hasta diez. Mientras cuentas «uno, dos, tres, cuatro, cinco, seis, siete, ocho, nueve y diez», inspira, y otra vez mientras cuentas «uno, dos, tres, cuatro, cinco, seis, siete, ocho, nueve y diez», espira. Esto significa que con una inspiración debes contar hasta diez y con una espiración deberías contar también hasta diez. Repite este procedimiento de contar tantas veces como sea necesario para concentrar la mente en la respiración.

El tercer método de contar es hacerlo en sucesión hasta diez. En este caso, cuenta «uno, dos, tres, cuatro, cinco» (solo hasta cinco) mientras inspiras y luego cuenta «uno, dos, tres, cuatro, cinco, seis» (hasta seis) mientras espiras. Cuenta de nuevo «uno, dos, tres, cuatro, cinco, seis, siete» (solo hasta siete) mientras inspiras. Luego cuenta «uno, dos, tres, cuatro, cinco, seis, siete, ocho» mientras espiras. Cuenta hasta nueve mientras inspiras y cuenta hasta diez al volver a espirar. Repite esta forma de contar tantas veces como sea necesario para concentrar la mente en la respiración.

El cuarto método es dar una respiración larga; y luego cuando los pulmones estén llenos, cuenta, mentalmente, «uno» y saca todo el aire dejando los pulmones vacíos. Entonces cuenta mentalmente «dos». Respira hondo y cuenta «tres» y espira por completo como antes. Cuando los pulmones estén vacíos de aire fresco, cuenta mentalmente «cuatro». Cuenta tu respiración de esta manera hasta diez. Luego cuenta hacia atrás de diez a uno. Cuenta de nuevo de uno a diez y luego de diez a uno.

El quinto método consiste en unir inspiración y espiración. Cuando los pulmones estén vacíos de aire fresco, cuenta mentalmente «uno. Esta vez debes contar tanto la inspiración como la espiración como uno solo. Inspira, espira otra vez y cuenta «dos» mentalmente. Esta forma de recuento debe hacerse solo hasta cinco y repetirla de cinco a uno. Repite este método hasta que tu respiración se refine y serene.

Recuerda que se supone que no debes continuar contando todo el tiempo. En cuanto tu mente se centre en la punta de la fosa nasal, donde se tocan la inspiración y la espiración, y empieces a sentir tu respiración tan acompasada y tranquila que no te es posible diferenciar ni separar la inspiración y la espiración, deberías dejar de contar. Contar solo se usa con el fin de entrenar a la mente para que se concentre en un objeto.

Cuatro herramientas más

Conectar. Después de inspirar no esperes a notar la breve pausa antes de espirar, y conecta la inspiración con la espiración, de manera que puedas percibir la inspiración y la espiración como una respiración continua.

Fijar. Después de unir la inspiración con la espiración, fija la mente en el punto en el que sientas que la inspiración y la espiración se tocan. Inspira y espira como una sola respiración, notando que el aire entra y sale tocando o frotando los bordes de tus fosas nasales.

Concentra tu mente como un carpintero. Un carpintero dibuja una línea recta sobre la tabla que quiere cortar y luego la corta con su sierra siguiendo la línea recta que dibujó. No mira los dientes de su sierra mientras entran y salen de la tabla. Más bien centra toda su atención en la línea para poder cortar el tablero en línea recta. De manera similar, mantén la mente en el punto donde sientas la respiración en los bordes de tus fosas nasales.

Convierte tu mente en un cancerbero. Un portero no tiene en cuenta ningún detalle de la gente que entra en una casa. Todo lo que hace es notar gente entrando en la casa y saliendo de ella por la puerta. Del mismo modo, cuando te concentres, no debes tener en cuenta ningún detalle de tus experiencias. Simplemente nota la sensación de inspiración y espiración de tu respiración, a medida que entra y sale el aire, justo en los bordes de tus fosas nasales.

9. Dónde, cuándo y cuánto tiempo sentarse

¿Dónde sentarse?

Busca un lugar tranquilo, un sitio apartado, un sitio donde no te molesten. No tiene que ser un lugar ideal en medio de un bosque. Eso es casi imposible para la mayoría de nosotros, pero debería ser un espacio donde te sientas cómodo y donde no te interrumpan, y también donde no te sientas expuesto. Quieres toda tu atención libre para la meditación, y no para desperdiciarla en preocupaciones sobre qué le pareces a los demás. Trata de elegir un lugar que sea lo más silencioso posible. No tiene que ser una habitación insonorizada, pero hay ciertos ruidos que son muy molestos y que deben evitarse en lo posible. La música y las voces son los que más dificultan la meditación, ya que la mente tiende a ser absorbida por estos sonidos de una manera incontrolable.

Hay ciertas ayudas tradicionales que puedes utilizar para crear el estado de ánimo adecuado. Tener la habitación a oscuras con una vela es agradable. El incienso está bien. También está bien contar con una campanita para empezar y concluir tus sentadas. No obstante, todo eso es parafernalia. Muchas personas consideran que es un apoyo, pero lo cierto es que no constituyen una parte esencial de la práctica. Hay quien utiliza un temporizador o una aplicación de cronometraje, que resulta muy útil.

Probablemente también te resultará útil sentarte cada vez en el mismo lugar. Contar con un lugar especial reservado solo para la meditación resulta de gran ayuda para la mayoría de las personas. No tardarás en relacionar ese lugar con la tranquilidad de la atención, y esa asociación te ayudará a alcanzar estados más profundos rápidamente. Lo principal es sentarse en un sitio que te parezca propicio para tu práctica, y eso requiere un poco de experimentación. Prueba lugares y horarios hasta que encuentres los que te hagan sentir cómodo.

A muchas personas les parece útil y de ayuda sentarse con un grupo de otros meditadores. La disciplina de la práctica regular es esencial, y a la mayoría de las personas les resulta más fácil sentarse regularmente si se ven reforzadas por un compromiso con un horario de sesiones en grupo.

¿Cuándo sentarse?

La regla más importante aquí es la siguiente: cuando se trata de la práctica de sentarse, se aplica el Camino del Medio. No exageres tu práctica. No la subestimes. Ello no significa que te sientes siempre que te venga de capricho. Significa que estableces un horario de práctica y lo mantienes con una gentil y paciente tenacidad. Establecer un horario actúa como un estímulo. Si, sin embargo, te das cuenta de que tu horario dejó de ser un estímulo y se ha convertido en una carga, entonces es que algo está mal.

Así que establece un patrón diario con el que puedas vivir. Que sea razonable. Haz que encaje con el resto de tu vida. Y si empiezas a sentirte como si estuvieras en una cinta caminadora cuesta arriba hacia la liberación, entonces cambia algo.

La primera hora de la mañana es un buen momento para meditar. Tu mente está fresca en esos instantes, antes de que te hayas enterrado en responsabilidades. La meditación matutina es una buena manera de comenzar el día. Te pone a tono y te prepara para lidiar con las cosas eficientemente. Discurrirás el resto del día con un poco más de ligereza.

Sin embargo, asegúrate de estar totalmente despierto. No progresarás mucho si te quedas dormido mientras te sientas, así que duerme lo suficiente. Lávate la cara, o dúchate antes de empezar. Tal vez te apetezca hacer un poco de ejercicio de antemano para estimular la circulación. Haz lo que tengas que hacer para despertarte por completo, y luego siéntate a meditar. No te dejes absorber por las actividades cotidianas. Es muy fácil olvidar sentarse. Convierte la meditación en la primera actividad sustancial que hagas por la mañana.

Al anochecer es otro buen momento para practicar. Tu mente está llena de toda la basura mental que has acumulado durante el día, y es estupendo deshacerse de esa carga antes de dormir. Tu meditación limpiará y rejuvenecerá tu mente. Restablece tu atención, y tu sueño será un verdadero dormir. Cuando empiezas a meditar por primera vez, basta con una vez al día. Si tienes ganas de meditar más, está bien, pero no exageres. Hay un fenómeno de agotamiento que vemos a menudo en los nuevos meditadores. Se sumergen en la práctica quince horas al día durante un par de semanas, y luego el mundo real los alcanza. Entonces deciden que este asunto de la meditación requiere demasiado tiempo. Demanda demasiados sacrificios. Carecen de tiempo para todo esto. No caigas en esa trampa. No te quemes en la primera semana.

Procede sin prisas, despacio. Haz que tu esfuerzo sea consistente y estable.

Date tiempo para incorporar la práctica de la meditación a tu vida, y permite que crezca gradual y suavemente.

¿Cuánto tiempo sentarse?

Aquí se aplica una regla similar: seguir el Camino del Medio, y no exagerar. La mayoría de los principiantes comienzan con veinte o treinta minutos. A medida que te acostumbres al procedimiento, y si te sientes inclinado a hacerlo, puedes ir ampliando el tiempo de la meditación. Después de un año o más de práctica constante, podrás llegar a sentarte cómodamente durante una hora seguida.

No necesitas demostrarle nada a nadie. Así que no te fuerces a sentarte con un dolor insoportable solo para poder decir que te sentaste durante una hora. Eso es ejercitar inútilmente el ego. Y, de nuevo, no te pases al principio. Reconoce tus limitaciones y no te condenes por no ser capaz de sentarte muchísimo tiempo.

Como regla general, lo más conveniente es determinar cuál sería un período de tiempo cómodo para ti en este momento de tu vida. Siéntate cinco minutos más de lo que determines. No hay una regla rígida y rápida sobre cómo decidir la duración de la sentada. Aunque hayas establecido un mínimo, puede haber días en los que te sea imposible sentarte durante ese tiempo. Eso no significa que debas cancelar la intención ese día. Es crucial sentarse regularmente. Incluso diez minutos de meditación pueden ser muy beneficiosos.

Por cierto, tú decides la duración de tu sesión antes de meditar. No lo hagas mientras estés meditando, como respuesta a la agitación, el aburrimiento o el nerviosismo. Es demasiado fácil ceder a la inquietud de esa manera, y la inquietud es uno de los puntos principales que queremos aprender a observar atentamente. Por lo tanto, elije un período de tiempo realista y mantente firme.

Usa un temporizador para medir la sesión, pero resiste el impulso de mirarlo cada dos minutos para ver cuánto tiempo ha pasado.

No hay una duración de tiempo mágica. Es mejor, sin embargo, que te propongas una duración mínima de tiempo, pues, de lo contrario, propenderás a hacer sesiones cortas. Saldrás corriendo cada vez que surja algo desagradable o cuando te sientas inquieto. Eso no está nada bien. Estas experiencias son algunas de las más provechosas a las que un meditador puede enfrentarse, pero solo si se sienta a través de ellas.

10. Prestar atención

Cuando tu mente comience a asentarse, puedes establecer las técnicas descritas anteriormente y pasar a la atención esencial. En algún momento, podrás sentir la agradable sensación de lo que se llama una *señal*. Esta señal surge de forma diferente para distintos meditadores, pero siempre está asociada con la respiración, y siempre tiene un tono de sensación agradable. Algunas veces, esta señal suele estar muy presente en los bordes de las fosas nasales. Une la mente a esto y deja que la mente fluya en cada momento. A medida que le prestes atención, verás que la señal en sí misma está cambiando a cada momento.

Mantén tu mente en el momento presente, en este momento cambiante de la respiración. Esta unidad de la mente con el momento presente se llama concentración momentánea. Como los momentos pasan de forma incesante uno tras otro, la mente sigue su ritmo, cambia con ellos, aparece y desaparece con ellos sin aferrarse a ninguno. Si tratamos de detenerla un momento, terminamos frustrados porque la mente no puede ser detenida. Debe estar a la altura de lo que esté sucediendo en el nuevo momento. Como el momento presente se puede encontrar en cualquier momento, cada momento de vigilia se puede convertir en un momento mindfulness.

Para unir la mente con el presente, debemos fijarnos en algo que esté sucediendo en ese instante. Sin embargo, no puedes concentrar tu mente en cada momento cambiante sin un cierto grado de concentración para mantener el ritmo del momento. Una vez que consigas este grado de concentración a través de la práctica con la respiración, podrás concentrar tu atención en cualquier cosa que experimentes: el aumento y la disminución del abdomen, el aumento y la disminución del área del pecho, el aumento y la disminución de cualquier sentimiento, o el aumento y la disminución de los pensamientos, las emociones o las percepciones.

Cuando enfoques este estado mental concentrado sobre los cambios que ocurran en tu mente y cuerpo, notarás que tu respiración incluye la parte física y las partes mentales. Cuando te des cuenta de eso, podrás notar que ambas partes están cambiando todo el tiempo. No trates de crear ninguna sensación que no esté presente de manera natural en ninguna parte del cuerpo. Pero nota cualquier sensación que surja en el cuerpo. Cuando aparezca el pensamiento, nótalo también. Al notar cualquier experiencia que se presente, todo lo que necesitas discernir es su naturaleza impermanente e insatisfactoria.

Esto da lugar a una conciencia cada vez más profunda de la impermanencia, la insatisfacción y la generosidad. Este reconocimiento de la realidad en tu experiencia te ayuda a fomentar una actitud más calmada, pacífica y madura hacia tu vida. Verás la sutileza de la impermanencia y la sutileza de la generosidad. Esta perspicacia te mostrará el camino hacia la paz y la felicidad, y te dará la sabiduría para manejar tus problemas cotidianos.

Cuando la mente esté unida con la respiración que fluye todo el tiempo, podremos naturalmente enfocarla en el momento presente. Podremos notar la sensación que surge del contacto de la respiración con el borde de nuestras fosas nasales. Como el elemento tierra del aire que inspiramos y espiramos entra en contacto con el elemento tierra de nuestras fosas nasales, la mente siente el flujo de aire al entrar y salir. La sensación de calor se produce en las fosas nasales o en cualquier otra parte del cuerpo por el contacto del elemento térmico generado por el proceso respiratorio. La sensación de impermanencia de la respiración surge cuando el elemento tierra de la respiración que fluye entra en contacto con las fosas nasales. Aunque el elemento agua está presente en la respiración, la mente no puede sentirlo.

También sentimos la expansión y la contracción de nuestros pulmones, abdomen y parte inferior del abdomen, a medida que el aire fresco es bombeado dentro y fuera de los pulmones. La expansión y contracción del abdomen, la parte inferior del abdomen y el pecho, forman parte del ritmo universal. Todo en el universo tiene el mismo ritmo de expansión y contracción, al igual que nuestra respiración y nuestro cuerpo. Todo se levanta y cae. Sin embargo, nuestra principal preocupación son los fenómenos ascendentes y descendentes de la respiración y partes diminutas de nuestras mentes y cuerpos.

Naturalmente, la mente no se queda todo el tiempo con la sensación de la respiración. También se dirige a los sonidos, recuerdos, emociones, percepciones, conciencia y formaciones mentales. Cuando esto sucede, simplemente notamos que ha sucedido, y luego dejamos que nuestra mente regrese a la respiración, que es la base a la que la mente puede volver después de viajes rápidos o largos a varios estados mentales y corporales.

Cada vez que la mente regresa a la respiración, estamos actualizando una visión más profunda de la impermanencia, la insatisfacción y la generosidad. La mente se vuelve más perspicaz a partir de la observación imparcial y ecuánime de estos sucesos. La mente obtiene una visión del hecho de que este cuerpo, estos sentimientos, los diversos estados de conciencia y las numerosas formaciones mentales deben ser usados solo con el propósito de obtener una visión más profunda de la realidad de este complejo cuerpo-mente.

11. Meditación andando

Cultivamos específicamente la conciencia a través de la postura sentada, practicando la quietud en un lugar tranquilo porque es la situación más fácil para hacerlo. La meditación en movimiento es más difícil. La meditación en medio de una actividad ruidosa y acelerada es aún más difícil. Y la meditación en medio de actividades intensamente personales como los amores o una discusión es el reto final.

Trasladar tu meditación a los acontecimientos de tu vida cotidiana no es un proceso simple. Ese punto de transición entre el final de la sesión de meditación y el comienzo de la «vida real» es un salto de longitud. Es demasiado tiempo para que la mayoría de nosotros podamos prescindir de la práctica. La meditación caminando es una forma de empezar a salvar este abismo.

Para practicar la meditación andando, se necesita un lugar privado con suficiente espacio para caminar al menos de cinco a diez pasos en línea recta. Vas a ir y venir muy despacio, así que a los ojos de la mayoría de la gente parecerás una persona curiosa y desconectada de la vida cotidiana. Este no es el tipo de ejercicio que deseas realizar en el césped de delante de tu casa, donde llamarás la atención innecesariamente. Elije un lugar privado.

Las instrucciones físicas son simples. Selecciona una zona sin obstáculos y comienza por un extremo. Detente durante un minuto en una posición atenta. Mantén los brazos en cualquier postura que te sea cómoda, de frente, a la espalda o a los lados. Luego, mientras inspiras, levanta el talón de un pie. Mientras espiras, descansa ese pie sobre los dedos. De nuevo mientras inspiras, levanta ese pie, llévalo hacia delante y, mientras espiras, baja el pie y toca el suelo. Repite el proceso con el otro pie. Camina muy lentamente hacia el extremo opuesto, detente durante un minuto, luego date la vuelta muy despacio y párate otra vez durante otro minuto antes de volver a caminar. A continuación, repite el proceso.

La cabeza debe estar erguida y el cuello relajado. Ten los ojos abiertos para mantener el equilibrio, pero no mires a nada en particular. Camina con naturalidad y al ritmo más lento que te resulte cómodo, y no prestes atención a lo que te rodea. Ten cuidado con las tensiones que se acumulan en el cuerpo y suéltalas en cuanto las notes. No hagas ningún intento de resultar gracioso. No trates de estar guapo. Esto no es un ejercicio atlético o un baile. Es un ejercicio de conciencia. Tu objetivo es lograr un estado de alerta total, una mayor sensibilidad y una completa y desbloqueada experiencia del movimiento de caminar. Pon toda tu atención en las sensaciones que vienen de los pies y las piernas. Intenta recopilar tanta información como te sea posible sobre cada pie a medida que se mueve. Sumérgete en la pura sensación de caminar y nota cada sutil matiz del movimiento. Siente cada músculo individual a medida que se mueve. Experimenta cada pequeño cambio en la sensación táctil a medida que los pies presionan contra el suelo y luego vuelven a levantarse.

Observa la forma en que estos movimientos aparentemente suaves se componen de una compleja serie de pequeñas sacudidas. Intenta no perderte nada. Con el fin de aumentar tu sensibilidad, puedes dividir el movimiento en distintos componentes. Cada pie pasa por una elevación, una oscilación y luego una pisada hacia abajo. Cada uno de estos componentes tiene un principio, un centro y un final. Para sintonizarte con esta serie de movimientos, puedes empezar por hacer notas mentales explícitas de cada etapa.

Toma nota mentalmente de «levantar, oscilar, bajar, tocar el suelo, presionar», etc. Este es un procedimiento de entrenamiento para familiarizarte con la secuencia de movimientos y para asegurarte de que no te pierdes ninguno. A medida que te vayas haciendo más consciente de la miríada de eventos sutiles que están ocurriendo, no tendrás tiempo para palabras. Te hallarás inmerso en una conciencia fluida e ininterrumpida del movimiento. Los pies se convertirán en todo tu universo. Si tu mente se pierde, nota la distracción de la manera usual, luego devuelve tu atención al caminar. No te mires los pies mientras estás haciendo todo esto, y no camines de un lado a otro viendo una imagen mental de tus pies y piernas.

No pienses, solo siente. No necesitas el concepto de pies, y tampoco tener ninguna imagen de ellos. Solo registra las sensaciones a medida que fluyan. Al principio, probablemente tendrás algunas dificultades con mantener el equilibrio. Estás usando los músculos de las piernas de una manera nueva, y es natural que exista un período de aprendizaje. Si la frustración surge, limítate a tomar nota y suéltala.

Solo está la sensación táctil y kinestésica, una interminable y siempre cambiante avalancha de experiencia en bruto. Aquí, estamos aprendiendo a escapar a la realidad, en lugar de escapar de ella.

Cualquier información que obtengamos es directamente aplicable al resto de nuestras vidas llenas de nociones y movimiento.

12. La inevitabilidad de los problemas

Tendrás problemas en la meditación.

Todo el mundo los tiene.

Puedes tratarlos como terribles tormentos o como desafíos que deben ser superados. Si los consideras una carga, tu sufrimiento no hará más que aumentar. Si los consideras oportunidades para aprender y para crecer, tus perspectivas espirituales son ilimitadas.

Los problemas vienen en todas las formas y tamaños, y lo único de lo que puedes estar absolutamente seguro es de que tendrás algunos. El principal truco para superar los obstáculos es adoptar la actitud correcta. Las dificultades son una parte integral de tu práctica. No son algo que haya que evitar, sino que se deben utilizar. Ofrecen oportunidades inestimables de aprendizaje.

La vida está compuesta de alegrías y miserias. Van de la mano. La meditación no es una excepción. Experimentarás buenos y malos momentos, éxtasis y miedo.

Así que no te sorprendas cuando te topes con una experiencia que sientes como una pared de ladrillos. Todos los meditadores experimentados han tenido sus propias paredes de ladrillos. Estas se repiten una y otra vez. Solo espéralas y prepárate para enfrentarte a ellas.

Nuestro trabajo como meditadores es aprender a ser pacientes con nosotros mismos, a vernos en una manera imparcial y completa, con todas nuestras penas e insuficiencias aparentes. Hemos de aprender a ser amables con nosotros mismos. A la larga, evitar lo desagradable es algo muy desconsiderado para con uno mismo. Paradójicamente, la bondad implica encontrarse con lo desagradable cuando surja.

Si eres desgraciado, entonces eres desgraciado; esa es la realidad, eso es lo que está sucediendo, así que reconócelo. Míralo bien de frente, sin temblar. Cuando lo estás pasando mal, examina esa experiencia, obsérvala atentamente, estudia el fenómeno, y aprende su mecánica.

La forma de salir de una trampa es estudiar la trampa misma, aprender cómo se construye. Para ello, desmóntala pieza a pieza. La trampa no puede atraparte si se ha hecho pedazos. El resultado es la libertad.

El dolor existe en el universo; en cierta medida es inevitable. Aprender a lidiar con ello no es pesimismo, sino una forma muy pragmática de optimismo. ¿Cómo lidiarías con la muerte de tu pareja? ¿Cómo te sentirías si perdieras a tu madre mañana? ¿O a tu hermana o a tu mejor amiga? Supón que pierdes tu trabajo, tus ahorros y el uso de tus piernas, todo en el mismo día, ¿podrías enfrentarte a la posibilidad de pasar el resto de tu vida en una silla de ruedas? ¿Cómo vas a lidiar con el dolor del cáncer terminal si lo contraes, y cómo vas a lidiar con tu propia muerte cuando esta se aproxime? Puedes escapar de la mayoría de estas desgracias, pero no escaparás de todas ellas. Todos perdemos amigos y parientes en algún momento de nuestras vidas; todos nosotros enfermamos de vez en cuando; y todos nosotros moriremos algún día. Puedes llegar a sufrir por todo ello o puedes enfrentar estos sucesos de la vida abiertamente: la elección es tuya.

El dolor es inevitable, el sufrimiento no. El dolor y el sufrimiento son dos animales diferentes. Si alguna de estas tragedias te golpea en tu estado mental actual, sufrirás. Los patrones de hábitos que ahora controlan tu mente te encerrarán en ese sufrimiento, y no habrá escape. Un poco de tiempo dedicado al aprendizaje de alternativas a esos patrones de hábito será un tiempo bien invertido.

Nadie te está diciendo que regales cada posesión o que busques dolor innecesario, pero el budismo te aconseja que inviertas tiempo y energía en aprender a lidiar con lo desagradable, porque algo de dolor es inevitable. Cuando veas que un camión se te acerca, salta del camino. Pero también pasa algún tiempo en meditación. Aprender a lidiar con la incomodidad es la única manera en que estarás listo para manejar el camión que no viste venir.

Los problemas surgirán en tu práctica. Algunos serán físicos, algunos serán emocionales, y algunos serán de actitud. Todos ellos pueden enfrentarse y cada uno de ellos tiene su propia respuesta específica. Todos ellos son oportunidades para liberarte a ti mismo.

13. Dolor físico

A nadie le gusta el dolor, sin embargo, todo el mundo lo padece en algún momento. Es una de las experiencias más comunes de la vida y está destinado a surgir en tu meditación de una forma u otra.

La gestión del dolor es un proceso que consta de dos etapas. El primer paso es la gestión física. Tal vez el dolor se deba a una enfermedad de un tipo u otro o a algo que se puede tratar por medios médicos o de otra clase. En este caso, emplea tratamientos médicos estándar antes de sentarte a meditar: toma tu medicamento, aplica tu linimento, completa tus estiramientos, haz lo que normalmente harías.

Luego hay ciertos dolores que son específicos de la postura sentada. Si nunca pasas mucho tiempo sentado con las piernas cruzadas en el suelo, habrá un período de ajuste. Alguna incomodidad es casi inevitable. Según dónde esté el dolor, hay remedios específicos. Si el dolor está en la pierna o las rodillas, quizá tus pantalones son demasiado ajustados o están confeccionados con un material grueso. Revisa tu cojín también. Debe tener unos 7,5 centímetros de altura cuando se comprima.

Si el dolor es alrededor de la cintura, trata de aflojarte el cinturón. Afloja la cinturilla de tus pantalones si es necesario. Si experimentas dolor en la parte baja de la espalda, es probable que tu postura no sea la correcta. El encorvamiento siempre hará que acabe doliéndote la espalda con el tiempo, así que enderézate cuando notes que estás encorvado. No estés tenso ni rígido, pero mantén la columna vertebral derecha. El dolor en el cuello o en la parte superior de la espalda tiene varios orígenes. El primero es la posición incorrecta de las manos. Tus manos deben descansar cómodamente en tu regazo. No tires de ellas hacia la cintura. Relaja los brazos y los músculos del cuello. No dejes que tu cabeza se incline hacia delante. Mantén el cuello alineado con el resto de la columna vertebral.

Después de que hayas realizado todos estos ajustes, puede que descubras que todavía tienes algo de dolor residual. Si ese es el caso, intenta el segundo paso: convierte el dolor en tu objeto de meditación.

Sin tratar de cambiar nada, basta con observar el dolor conscientemente. Cuando este se vuelve exigente, lo encontrarás tratando de apartar tu atención de la respiración. No te defiendas. Solo deja que tu atención se deslice suavemente sobre la simple sensación. Entra en el dolor por completo. No bloquees la experiencia. Explora el sentimiento. Ve más allá de tu reacción de evitar el dolor y entra en las puras sensaciones que subyacen a él.

Descubrirás que hay dos cosas presentes. La primera es la sensación simple: el dolor en sí mismo. La segunda es tu *resistencia a* esa sensación. Esta reacción de resistencia es en parte mental y en parte física. La parte física consiste en tensar los músculos dentro y alrededor del área dolorida. Relaja esos músculos. Estúdialos uno a uno y relaja a fondo cada uno de ellos. Este paso por sí solo puede disminuir el dolor significativamente. A continuación observa lo que hay tras el lado mental de la resistencia. De la misma manera que mantienes una tensión física, también te estás tensando psicológicamente. Estás reprimiendo mentalmente la sensación de dolor, tratando de ocultarla y rechazarla de la conciencia. El rechazo es un «No me gusta esta sensación» sin palabras o una actitud que dice: «¡Desaparece!». Puede que sea muy sutil, pero está ahí, y siempre puedes encontrarlo si realmente lo buscas. Localízalo y relájalo también.

Esa última parte es más sutil. Realmente no hay palabras para describir con precisión esta acción interna. La mejor manera de controlarlo es mediante una analogía. Examina lo que le hiciste a esos músculos tensos y transfiere esa misma acción a la esfera mental; relaja la mente de la misma manera que relajaste el cuerpo. El budismo reconoce que el cuerpo y la mente están estrechamente relacionados. Es algo tan cierto que mucha gente no considera esto como un proceso en dos pasos. Para ellos relajar el cuerpo es relajar la mente y viceversa. Estas personas experimentarán toda la relajación, mental y física, como un único proceso. En cualquier caso, suelta por completo hasta que tu conciencia se ralentice más allá de esa barrera de resistencia y se relaje en la pura y fluida sensación subyacente.

La resistencia era una barrera que tú mismo levantaste. Era una brecha, una sensación de distancia entre tú y los demás. Era una frontera entre «tú» y «el dolor». Disuelve esa barrera, y la separación desaparecerá. Te adentras en ese mar de sensaciones y te fusionas con el dolor. Te conviertes en el dolor. Observas su flujo y reflujo, y algo sorprendente sucede. Ya no te molesta. El sufrimiento se disipa. Solo queda el dolor; una experiencia, nada más.

El «yo» que estaba siendo herido se ha ido. El resultado es la ausencia de dolor. Este es un proceso incremental. Al principio, puedes tener éxito con pequeños dolores y ser derrotado por los grandes. Como ocurre con la mayoría de nuestras habilidades, esta aumenta con la práctica. Cuanto más practiques, más dolor podrás soportar. Por favor, entiéndelo bien: aquí no estamos defendiendo el masoquismo. No es cuestión de automortificación. Este es un ejercicio de conciencia, no de autotortura.

Si el dolor se vuelve insoportable, muévete –con atención– y luego reanuda la quietud. Observa tus movimientos y lo que sientes al moverte. Observa qué provoca el dolor. Observa cómo disminuye el dolor. Pero trata de no moverte demasiado. Cuanto menos te muevas, más fácil será permanecer totalmente atento. Los meditadores principiantes a veces dicen que tienen problemas para permanecer atentos cuando el dolor está presente, y esta dificultad proviene de un malentendido. Estos estudiantes están concibiendo el mindfulness como algo distinto de la experiencia del dolor. No lo es. El mindfulness nunca existe por sí mismo. Siempre tiene algún objeto, y un objeto es tan bueno como otro.

Puedes ser consciente del dolor de la misma manera que eres consciente de la respiración. No le añadas nada y no te pierdas nada. No enturbies la experiencia pura con conceptos, imágenes o pensamiento discursivo. Y mantén tu conciencia justo en el tiempo presente, justo con el dolor, para que no te pierdas su comienzo o su fin. El dolor que no se ve a la clara luz de la atención plena da lugar a reacciones emocionales como el miedo, la ansiedad o la ira. Todo eso es algo que se suma a la sensación en sí misma. Esto es muy creativo y muy entretenido, pero no es lo que queremos. Aquellos son conceptos añadidos a la realidad viviente. Lo más probable es que te encuentres pensando: «Yo tengo un dolor en la pierna». «Yo» es un concepto; «dolor» es un concepto; «mi pierna» es un concepto. Cada uno de ellos es algo adicional añadido a la experiencia pura.

Si el dolor se considera de manera adecuada, no tenemos ese tipo de reacción. Será una simple sensación, una simple energía. Una vez que hayas aprendido esta técnica con el dolor físico, puedes generalizarlo al resto de tu vida. Puedes usarlo con cualquier sensación desagradable. Lo que funciona con el dolor también funcionará con la ansiedad o la depresión crónica.

Esta técnica es una de las habilidades más útiles y aplicables de la vida: la paciencia.

14. Piernas dormidas y otras sensaciones extrañas

Es muy común que los principiantes, e incluso las personas experimentadas, se queden dormidas o se adormezcan durante la meditación. Puedes notar que te pones muy ansioso por esto, y que tienes el impulso de levantarte y moverte. O puedes estar completamente convencido de que se te gangrenarán las piernas por falta de circulación. El entumecimiento en las piernas no tiene que preocuparnos. Viene causado por un pellizco nervioso, no por la falta de circulación. No se pueden dañar los tejidos de las piernas al sentarse. Es algo que hay que saber para poder relajarse al respecto.

Cuando tus piernas se duerman en la meditación, simplemente observa con atención el fenómeno. Examina cómo te sientes. Puede ser un poco incómodo, pero no es doloroso a menos que te pongas tenso. No tienes más que mantener la calma y observarlo. No importa si tus piernas se entumecen y permanecen así durante todo el período. Después de haber meditado durante algún tiempo, ese entumecimiento puede desaparecer de forma gradual, o no.

Los practicantes experimentan todo tipo de fenómenos variados en la meditación. A algunas personas les da comezón, sienten hormigueo, relajación profunda, una sensación de ligereza o una sensación de estar flotando. Puedes sentirte creciendo, encogiéndote o elevándote en el aire. Los principiantes a menudo se emocionan bastante con estas sensaciones.

A medida que se inicia la relajación, el sistema nervioso comienza a transmitir las señales sensoriales de manera más eficiente. Se pueden verter grandes cantidades de datos sensoriales bloqueados con anterioridad, lo que da lugar a todo tipo de sensaciones únicas. Esto no significa nada en particular. Es solo una sensación. Así que simplemente emplea la técnica normal.

Obsérvalo surgir y verás cómo pasa. No te impliques.

15. Somnolencia, incapacidad para concentrarse, tedio y aburrimiento

Es muy común experimentar somnolencia durante la meditación. Después de todo, al meditar te tranquilizas y relajas. Por desgracia, normalmente experimentamos este encantador estado solo cuando nos estamos quedando dormidos, y lo asociamos con ese proceso. Así que, naturalmente, empiezas a ir a la deriva. Cuando percibas que eso está sucediendo, aplica tu atención al estado de somnolencia en sí misma. La somnolencia tiene ciertas características definidas. Le hace ciertas cosas a tu proceso de pensamiento. Conlleva ciertas sensaciones corporales asociadas. Localízalas.

Esta conciencia inquisitiva es justo lo contrario a la somnolencia, y por lo general la evaporará. Si no lo hace, entonces deberías sospechar de una causa física para tu somnolencia. Búscala y gestiónala. Si acabas de comer opíparamente, esa podría ser la causa. Es mejor comer de forma ligera si estás a punto de meditar. O esperar a hacerlo una hora después de una gran comida. Y no pases por alto lo obvio tampoco. Si has estado transportando ladrillos todo el día, es natural que estés cansado. Lo mismo vale si solo has disfrutado de unas pocas horas de sueño la noche anterior. Cuida de las necesidades físicas de tu cuerpo. Medita luego.

No te rindas ante la somnolencia. Mantente despierto y atento.

Si tienes mucho sueño, respira profundamente y aguanta la respiración todo lo que puedas. Luego espira despacio. Respira hondo otra vez, aguanta el mayor tiempo posible el aire dentro de ti y espira lentamente. Repite este ejercicio hasta que tu cuerpo entre en calor y la somnolencia desaparezca.

Luego regresa a la respiración.

Además, puede aparecer el aburrimiento mental como un subproducto no deseado del aumento de la concentración. A medida que tu relajación se hace más profunda, los músculos se aflojan y las transmisiones nerviosas cambian. Esto produce una sensación de calma y ligereza en el cuerpo. Te sientes muy quieto y algo divorciado del cuerpo. Este es un estado muy agradable, y al principio la concentración es bastante buena, bien centrada en la respiración. Sin embargo, a medida que continúa, las sensaciones agradables se intensifican y distraen tu atención de la respiración. Empiezas a disfrutar de verdad del estado y tu atención disminuye mucho. Tu atención termina dispersa, a la deriva, apática, a través de vagas nubes de bienaventuranza. El resultado es un estado muy inconsciente, una especie de estupor extático. La cura, por supuesto, es el mindfulness. Observa atentamente estos fenómenos y se disiparán. Cuando surjan sensaciones de felicidad, acéptalas. No hay necesidad de evitarlas, pero no te dejes embelesar por ellas. Son sensaciones físicas, así que trátalas como tales. Observa las sensaciones como sensaciones. Observa la opacidad como opacidad. Observa cómo todo surge y se desvanece. No te involucres.

En el otro extremo del espectro, una atención hiperactiva y saltarina es algo que todo el mundo experimenta de vez en cuando. Por lo general, se gestiona mediante las técnicas para tratar con las distracciones presentadas en las páginas 41-45. No obstante, también deberías saber que hay ciertos factores externos que contribuyen a este fenómeno, y estos se manejan mejor con simples ajustes en la programación.

Las imágenes mentales son entidades poderosas. Pueden permanecer en la mente durante largos períodos. Todas las artes de la narración de cuentos son una manipulación directa de ese material, y si el escritor ha hecho bien su trabajo, los personajes y las imágenes presentadas tendrán un efecto poderoso y persistente en la mente. Si has visto la mejor película del año, la meditación que sigue va a estar llena de esas imágenes. Si estás a mitad de la novela de terror que has leído, tu meditación estará llena de monstruos. Así que cambia el orden de los eventos. Haz tu meditación primero. Luego lee o ve al cine.

Otro factor influyente es tu propio estado emocional. Si hay algún conflicto real en tu vida, esa agitación se convertirá en meditación. Intenta resolver tus conflictos diarios inmediatos antes de la meditación cuando puedas. Tu vida funcionará más suavemente, y no estarás pensando inútilmente durante tu práctica, pero no uses este consejo como una forma de evitar la meditación. Sin embargo, algunas veces no puedes resolver todo lo pendiente antes de sentarte.

Usa tu meditación para soltar todas las actitudes egocéntricas que te mantienen atrapado dentro de tu propio punto de vista limitado. Tus problemas se resolverán más fácilmente a partir de entonces. Y luego están esos días en los que parece que la mente nunca descansa, pero en los que tampoco puedes localizar ninguna causa aparente. A veces la meditación es así.

Este tipo de meditación es sobre todo un ejercicio de conciencia. Vaciar la mente no es tan importante como ser consciente de lo que la mente está haciendo. Si estás frenético y no puedes hacer nada para evitarlo, limítate a observar. Eres tú. El resultado será un paso más en tu viaje de autoexploración.

Sobre todo, que no te frustre el parloteo incesante de la mente. Ese balbuceo es solo una cosa más a tener en cuenta.

Por un lado, es difícil imaginar algo más inherente a la vida que quedarse sentado durante una hora sin hacer nada más que sentir el aire entrando y saliendo por tu nariz. Aparece el aburrimiento. El aburrimiento es un estado mental y debe ser tratado como tal. Dos estrategias sencillas te ayudarán a sobrellevar la situación:

Táctica A: Restablecer la verdadera atención. Si la respiración parece una cosa excesivamente aburrida para observar una y otra vez, puedes estar seguro de una cosa: has dejado de observar el proceso con verdadera atención. La verdadera atención nunca es aburrida. Mira de nuevo. No asumas que sabes lo que es la respiración. No des por sentado que ya has visto todo lo que hay para ver.

Si lo haces, estarás conceptualizando el proceso en lugar de observar su realidad viviente. Cuando eres claramente consciente de la respiración o de cualquier otra cosa, nunca te resulta aburrida. El mindfulness lo observa todo con los ojos de un niño, con un sentido de asombro. La atención observa cada momento como si fuera el primer y único momento en el universo. Así que si todo lo que ves es aburrimiento, mira de nuevo.

Táctica B: Observa tu estado mental. Observa tu estado de aburrimiento con atención. ¿Qué es el aburrimiento? ¿Dónde está el aburrimiento? ¿Cómo se siente? ¿Cuáles son sus componentes mentales? ¿Tiene alguna sensación física? ¿Qué le hace a tu proceso de pensamiento? Echa un vistazo al aburrimiento, como si nunca hubieras experimentado ese estado antes.

16. Miedo y agitación

A veces, durante la meditación, surgen estados de miedo sin razón aparente. Es un fenómeno común y puede tener varias causas. Los contenidos emocionales de un complejo de pensamiento a menudo se filtran a través de la conciencia consciente mucho antes de que el pensamiento mismo salga a la superficie. Esto puede ser lo que esté sucediendo.

O puede que estés lidiando directamente con el miedo que todos tememos: el miedo a lo desconocido. En algún momento de tu periplo meditativo te sorprenderá la seriedad de lo que realmente estás haciendo. Estás derribando el muro de la ignorancia que siempre has usado para explicarte la vida y para protegerte de la intensa llama de la realidad. Estás a punto de conocer la verdad esencial, cara a cara. Eso da miedo. Pero es algo que tiene que hacerse. Adelante, sumérgete de lleno.

Una tercera posibilidad: el miedo que sientes puede ser autogenerado. Puede que lo estés alimentando al fijarte en él. En este caso, simplemente vuelve a prestar atención a la respiración.

No importa cuál sea la fuente de tu miedo, el mindfulness es la cura. Observa el miedo tal como el surgimiento del miedo, exactamente lo que es. No te aferres. Limítate a observar cómo aparece. Estudia su efecto. Fíjate en cómo te hace sentir y en cómo afecta a tu cuerpo. Cuando te encuentres en las garras de fantasías horrorosas, simplemente observarlas con atención. Observa las imágenes como imágenes, los recuerdos como recuerdos. Observa las reacciones emocionales que vienen y reconócelas. Apártate del proceso y no te involucres. Trata toda la dinámica como si fueras un espectador curioso. Y lo más importante: no luches contra la situación.

No intentes reprimir los recuerdos, los sentimientos o las fantasías. Solo quítate del medio y deja que todo ese lío burbujee y fluya. No puede hacerte daño. Son solo recuerdos. Es solo una fantasía. No es más que miedo.

La inquietud es a menudo un encubrimiento de una experiencia más profunda que tiene lugar en el inconsciente. Los humanos somos buenos reprimiendo cosas. En lugar de enfrentarnos a algún pensamiento desagradable que experimentamos, tratamos de enterrarlo para no tener que lidiar con el asunto. Desafortunadamente, por lo general no tenemos éxito, al menos no del todo. Escondemos el pensamiento, pero la energía mental que usamos para cubrirlo se asienta allí y hierve. El resultado es esa sensación de malestar que llamamos agitación o inquietud.

Puede que no haya nada en lo que puedas poner el dedo en la llaga, pero no te sientes a gusto, no puedes relajarte.

Cuando este estado incómodo surja en la meditación, limítate a observarlo. No dejes que te gobierne. No saltes y huyas. Y no te resistas e intentes que desaparezca. Solo déjalo estar ahí y vigílalo de cerca. Entonces el material reprimido acabará saliendo a la superficie, y descubrirás de qué te has estado preocupando.

La experiencia desagradable que has tratado de evitar podría ser casi cualquier cosa. Sea lo que sea, permite que surja y míralo con atención. Si te quedas quieto y observas tu agitación, al final pasará. El poder sentarse a través de la inquietud será en sí mismo un pequeño avance en tu carrera de meditación. Te enseñará mucho. Descubrirás que la agitación es más bien un estado mental superficial. Es inherentemente efímero. Viene y se va. No tiene un control real sobre nada.

17. Esforzarse demasiado, esperar demasiado y desanimarse

Las personas con una larga experiencia meditativa son a menudo bastante joviales. Poseen uno de los tesoros más valiosos de los seres humanos: sentido de humor. Pueden reírse de sus propios fracasos humanos. Pueden reírse de las crisis personales. Por otra parte, los principiantes son a menudo demasiado serios para su propio bien. Están tensos y se esfuerzan, están demasiado ansiosos por obtener resultados, y se lo toman todo demasiado en serio.

Los principiantes a menudo están llenos de expectativas infladas y enormes. Se tiran a la piscina de golpe y esperan resultados increíbles en un abrir y cerrar de ojos. Fuerzan, están tensos, sudan y se esfuerzan, y todo es terriblemente sombrío y solemne. Este estado de tensión es la antítesis del mindfulness, y por lo tanto, y naturalmente, logran bien poco. Entonces deciden que esto de la meditación no es tan emocionante después de todo. No les dio lo que querían. Abandonan.

Solo se aprende sobre la meditación meditando. Aprendes

de qué se trata la meditación y a dónde te lleva solo a través de la experiencia directa en sí misma. Por lo tanto, los principiantes no saben hacia dónde se dirigen porque han desarrollado poca idea sobre adónde les lleva la meditación. Los recién llegados a la meditación esperan todo tipo de cosas equivocadas, y esas expectativas no sirven para nada.

Forzar demasiado conduce a la rigidez y a la infelicidad, a la culpabilidad y a la autocondenación. Cuando te esfuerzas demasiado, tu esfuerzo se vuelve mecánico, y eso derrota la atención antes de que empiece. Te aconsejo que te olvides de todo eso.

Deja de lado tus expectativas y esfuerzos. Simplemente medita con un ritmo constante y un esfuerzo equilibrado. Disfruta de tu meditación y no te hundas a base de sudor y luchas contigo mismo. Que sea algo sencillo. Sé consciente.

La meditación en sí misma se ocupará del futuro. El efecto de forzar demasiado es la frustración. Estás en un estado de tensión. No llegas a ninguna parte. Te das cuenta de que no estás haciendo el progreso que esperabas, así que te desanimas. Sientes una especie de fracaso. Todo es un ciclo muy natural, pero totalmente evitable. Esforzarse tras expectativas poco realistas es causa de muchos problemas.

Sin embargo, si te encuentras desanimado, no tienes más que observar tu estado de ánimo con claridad No le añadas nada. Solo ten cuidado. Una sensación de fracaso es solo otra reacción emocional efímera. Si te involucras, se alimenta de tu energía y crece. Si simplemente te quedas a un lado y lo ves, acaba por pasar.

Si te desanimas a causa de lo que percibes como un fracaso en la meditación, esto tiene, en cierto sentido, un fácil tratamiento. Tienes la sensación de haber fracasado en tu práctica. No has sido consciente de ello. Lo único que has de hacer es ser consciente de esa sensación de fracaso. Acabas de restablecer tu atención plena con ese único paso. La razón de tu sensación de fracaso no será más que un recuerdo.

Verdaderamente, no hay fracaso en la meditación. Hay reveses y dificultades, pero no hay fracaso a menos que te rindas por completo.

Aunque te hayas pasado veinte años enteros sin llegar aparentemente a ninguna parte, puedes ser consciente en cualquier momento que tú elijas. Es decisión tuya. Arrepentirse es solo una forma más de ser inconsciente. En el instante en que te das cuenta de que has sido inconsciente, esa conciencia en sí misma es un acto de atención. Así que continúa el proceso.

No te desvíes por una reacción emocional.

18. Resistencia a la meditación

Habrá momentos en los que no te apetecerá nada meditar.

Faltar a una sola sesión de práctica es, por supuesto, poco importante, pero muy fácilmente se convierte en un hábito. Es más sabio seguir adelante a través de la resistencia. Siéntate de todos modos. Observa este sentimiento de aversión. En la mayoría de los casos es una emoción pasajera, un destello que se evapora justo ante tus ojos. Habrá desaparecido cinco minutos después de que te sientes. En otros casos, puede deberse a un estado de ánimo amargo ese día, y que perdure más tiempo. Aun así, pasa. Y es mejor deshacerse de tu resistencia en veinte o treinta minutos de meditación que llevarla contigo y dejar que te arruine el resto del día.

En otras ocasiones, la resistencia puede deberse a alguna dificultad que tengas con la práctica misma. Puedes conocer o no cuál es esa dificultad. Si tienes identificado el problema, manéjalo con una de las técnicas ofrecidas en este libro. Una vez que dicho problema desaparezca, la resistencia también desaparecerá. Si no sabes cuál es el problema, entonces vas a tener que resistir. No tienes más que sentarte con tu resistencia y observarla atentamente. Ya pasará. Si la resistencia a la meditación es una característica común de tu práctica, entonces debes sospechar algún error sutil en tu actitud básica. La meditación no es un ritual que se lleva a cabo en una determinada postura. No es un ejercicio doloroso, ni un período de aburrimiento forzoso. Y tampoco es una obligación solemne. En lugar de considerarlo de esa manera, intenta una nueva forma de verlo, como una especie de juego. La meditación es tu amiga. Considérala como tal, y la resistencia desaparecerá como el humo ante una brisa de verano.

Si intentas todas estas posibilidades y la resistencia sigue ahí, entonces puede existir un problema. Ciertos inconvenientes metafísicos con los que a veces se topan los meditadores están fuera del ámbito de este libro. No es común que los nuevos meditadores se vean afectados por ellos, pero puede suceder. No te rindas. Trata de obtener orientación. Busca profesores cualificados del estilo de meditación vipassana y pídeles ayuda para resolver la situación. Tales personas existen precisamente con ese propósito.

19. Maniobras mentales para lidiar con las distracciones

En algún momento todo meditador encuentra distracciones durante la práctica, y se necesitan métodos para lidiar con ellas. Una serie de maniobras tradicionales y prácticas de meditación pueden ayudar. Estas técnicas se pueden utilizar solas o en combinación. Si se emplean correctamente, constituyen un arsenal bastante efectivo para la batalla contra la mente del mono.

Maniobra 1: Notar la distracción. Una distracción te ha apartado de la respiración, y de repente te das cuenta de que has estado soñando despierto. El truco es tirar de todo lo que te ha capturado, para romper por completo su agarre sobre ti a fin de que puedas regresar a la respiración con toda la atención. Solo tienes que decirte a ti mismo: «Vale, he estado distraído durante algún tiempo», o: «... desde que el perro empezó a ladrar», o: «... desde que empecé a pensar en el dinero». Cuando comienzas a practicar esta técnica, lo haces hablando contigo mismo. Una vez que el hábito está bien establecido, puedes dejarlo, y la acción ya no requiere de palabras y es muy rápida. La idea, recuerda, es salir de la distracción y volver a la respiración. Una forma de salir del pensamiento es hacerlo objeto de una inspección lo suficientemente larga como para obtener de él una estimación aproximada de su duración. El intervalo en sí no es importante. Una vez que te hayas liberado de la distracción, olvídate del asunto y regresa a la respiración. No te preocupes de obtener una estimación del tiempo «precisa»: en realidad no importa.

Maniobra 2: Respiración profunda. Cuando tu mente está desenfrenada y agitada, a menudo es posible restablecer la atención con unas pocas respiraciones rápidas y profundas. Inspira con fuerza y deja salir el aire de la misma manera. Esto aumenta la sensación dentro de las fosas nasales y facilita la concentración. Haz un acto de voluntad y aplica algo de fuerza a tu atención. Permite que toda tu atención se asiente bien en la respiración.

Maniobra 3: Contar. Contar las respiraciones a medida que pasan es un procedimiento tradicional. Algunas escuelas de práctica enseñan esta actividad como su principal técnica. La meditación vipassana la utiliza como una técnica auxiliar para restablecer la atención y fortalecer la concentración. Como ya hemos comentado anteriormente en las páginas 41-43, puedes contar las respiraciones de varias maneras diferentes. Recuerda mantener la atención en la respiración.

Probablemente notarás un cambio después de haber contado un rato. La respiración se ralentiza o se vuelve muy ligera y refinada. Esta es una señal fisiológica de que la concentración se ha establecido bien. En este punto, la respiración es generalmente tan ligera o tan rápida y suave que no se puede distinguir muy bien la inspiración de la espiración. Da la impresión de que se mezclan entre sí. A continuación, se pueden contar ambas como un único ciclo. Continúa tu proceso de conteo, pero solo hasta llegar a cinco, cubriendo la misma secuencia de cinco respiraciones, y luego comienza de nuevo.

Cuando contar se convierta en una molestia, continúa con el siguiente paso. Olvídate de los números y de los conceptos de inspiración y espiración. Zambúllete en la pura sensación de respirar. La inspiración se funde con la espiración. Una respiración se mezcla con la siguiente en un interminable ciclo de un flujo puro y suave.

Maniobra 4: El método dentro-fuera. Esta es una alternativa a contar, y funciona de manera muy similar. Solo tienes que dirigir tu atención a la respiración y etiquetar mentalmente cada ciclo con las palabras «Inspirar..., espirar», o «dentro..., fuera».

Continúa el proceso hasta que ya no necesites estos conceptos y luego deséchalos.

Maniobra 5: Recordar tu propósito. Hay momentos en los que las cosas aparecen en tu mente, aparentemente al azar. Palabras, expresiones o frases enteras saltan del inconsciente sin ninguna razón reconocible. Aparecen los objetos. Las imágenes se encienden y apagan. Esta es una experiencia inquietante. Tu mente se siente como una bandera ondeando al viento. Ondea de lado a lado como las olas en el océano. A menudo, en momentos como éste, es suficiente recordar claramente por qué estás ahí.

Puedes decirte a ti mismo: «No estoy sentado aquí para perder el tiempo con estos pensamientos. Estoy aquí para concentrar mi mente en la respiración, la cual es universal y común a todos los seres vivos». A veces tu mente se tranquiliza, incluso antes de que completes este recitado. En otras ocasiones puede que tengas que repetirlo varias veces antes volver a centrarte en la respiración.

Maniobra 6: Cancelar un pensamiento con otro. Algunos pensamientos no desaparecen. Los humanos somos seres obsesivos. Tendemos a fijarnos en cosas como fantasías sexuales, preocupaciones y ambiciones. Alimentamos esos complejos de pensamientos durante años y les damos mucha cancha jugando con ellos en cada momento libre. Luego, cuando nos sentamos a meditar, les ordenamos que se vayan y nos dejen en paz. No es de extrañar que no obedezcan. Pensamientos persistentes como estos requieren un enfoque directo, un ataque frontal a gran escala.

La psicología budista ha desarrollado un sistema distinto de clasificación. Un pensamiento pernicioso es uno conectado con la avaricia, el odio o el engaño.

Estos son los pensamientos que la mente convierte más fácilmente en obsesiones. Son perniciosos en el sentido de que te alejan de la meta de la liberación. Los pensamientos hábiles, por otro lado, son aquellos relacionados con la generosidad, la compasión y la sabiduría. Son hábiles en el sentido de que pueden ser usados como remedios específicos para los pensamientos perniciosos, y por lo tanto pueden ayudarte a dirigirte hacia la liberación.

No puedes condicionar la liberación. No es un estado construido a partir del pensamiento. Tampoco puedes condicionar las cualidades personales que produce la liberación.

Los pensamientos de benevolencia pueden producir una *semblanza* de benevolencia, pero no auténtica. Se romperá bajo presión. Los pensamientos de compasión solo producen compasión superficial. Por lo tanto, estos pensamientos hábiles no te liberarán de la trampa por sí mismos. Son hábiles solo si se aplican como antídotos al «veneno» de los pensamientos perniciosos. Los pensamientos de generosidad pueden cancelar temporalmente la codicia. La esconden bajo la alfombra el tiempo suficiente para que el mindfulness pueda llevar a cabo su trabajo sin molestias. Entonces, cuando la atención ha penetrado hasta las raíces del proceso del ego, la codicia se evapora y surge la verdadera generosidad.

Este principio puede utilizarse día a día en tu propia meditación. Si un tipo particular de obsesión te está molestando, puedes cancelarla generando su opuesto. Aquí hay un ejemplo: si odias absolutamente a Charlie, y su rostro frunciendo el ceño sigue apareciendo en tu mente, trata de dirigir una corriente de amor y amistad hacia Charlie, o trata de contemplar sus buenas calidades. Probablemente, te desharás de la imagen mental. Entonces puedes continuar con el trabajo de la meditación.

A veces esta táctica por sí sola no funciona. La obsesión es demasiado fuerte. En este caso tienes que debilitar su control sobre ti de alguna manera antes de que puedas equilibrarla con éxito. Aquí es donde la culpabilidad, una de las emociones más descabelladas de la humanidad, sirve por fin para algo. Fíjate bien en la respuesta emocional de la que estás tratando de deshacerte. En realidad, piénsalo. Observa cómo te hace sentir. Observa lo que le está haciendo a tu vida, a tu felicidad, a tu salud y a tus relaciones. Trata de ver cómo te hace parecer a los ojos de los demás. Fíjate en la forma en que está entorpeciendo tu progreso hacia la liberación.

Las antiguas escrituras te instan a hacerlo muy a fondo. Paradójicamente, te aconsejan que desarrolles la misma sensación de aversión que sentirías si te vieras obligado a caminar con el cadáver de un animal muerto y en descomposición atado alrededor de su cuello. Este paso puede poner fin al problema por sí solo. Si no lo hace, entonces equilibra el resto persistente de la obsesión generando de nuevo la emoción opuesta.

Los pensamientos de codicia cubren todo lo relacionado con el deseo, desde la avaricia absoluta orientada hacia la ganancia material hasta una sutil necesidad de ser respetado como una persona moral. Los pensamientos de odio discurren desde la mezquindad a la furia asesina. La ignorancia cubre desde el soñar despierto a las alucinaciones.

La generosidad anula la codicia. La benevolencia y la compasión eliminan el odio.

Puedes descubrir un antídoto concreto para cualquier pensamiento problemático si lo piensas un rato. Pero no te quedes atascado en la aplicación del antídoto, que ese no es el fin en sí mismo; la verdadera meta es poder volver a la meditación.

20. Trabajar con los pensamientos, los juicios y la autocrítica

Así que ahí estás, meditando. Solo tienes que dejarte ir siguiendo el fluir de la respiración: dentro, fuera, dentro, fuera..., de forma calmada, serena y concentrada. Bien. Y entonces, de repente, algo totalmente diferente aparece en tu mente: «Ojalá tuviera un cucurucho de helado». Eso es una distracción, obviamente. Eso no es lo que se supone que tienes que hacer. Te das cuenta de ello, y devuelves tu atención a la respiración, de vuelta al flujo suave, dentro, fuera, dentro... Y luego: «¿Acabé pagando el recibo del gas?». Otra distracción. Te das cuenta de que te has distraído y vuelves a la respiración. Dentro, fuera, dentro, fuera, dentro... «Esa película que acaban de estrenar... Tal vez pueda ir a verla el martes por la noche. No, el martes no, tengo mucho que hacer el miércoles. El jueves es mejor...». Otra distracción. Sales de esta nueva distracción, y vuelves a la respiración, pero no parece que puedas mantener tu concentración, porque pronto esa vocecita en tu cabeza dice: «Mi espalda me está matando». Y una y otra vez, distracción tras distracción, regresas a tu respiración, porque de eso se trata.

La clave es aprender a notar las distracciones sin quedar atrapado en ellas. Para eso es para lo que estamos aquí. No consideres como un enemigo el pensamiento que surge de ese modo; es solo la simple realidad. Y si quieres cambiar algo, la primera cosa que tienes que hacer es verlo de la forma en que es.

Cuando te sientes por primera vez para concentrarte en la respiración, te sorprenderá lo increíblemente ocupada que está la mente. Salta y balbucea. Cambia de dirección y se mueve. Se persigue a sí misma en círculos constantes. Habla. Piensa. Fantasea y sueña despierta. No te enfades por eso. Es natural. Cuando tu mente se aleje de la meditación, limítate a observar la distracción atentamente.

Esto trae a colación una nueva e importante regla para tu meditación: cuando cualquier estado mental se presente con la fuerza suficiente como para distraerte del objeto de la meditación, traslada brevemente tu atención a la distracción. Conviértela en un objeto temporal de meditación. Por favor, ten en cuenta la palabra «temporal». Es muy importante. Esto no sugiere que debas cambiar de caballo a mitad de camino, adoptando un nuevo objeto de meditación cada tres segundos. La respiración siempre permanecerá como tu foco principal. Cambias tu atención a la distracción solo el tiempo suficiente para notar ciertas cosas concretas relacionadas con ella. ¿Qué es esto? ¿Cuán fuerte es? ¿Y cuánto tiempo dura?

Tan pronto como hayas respondido sin palabras a estas preguntas, habrás finalizado tu examen de esa distracción, y devolverás tu atención a la respiración. Estas preguntas están destinadas a liberarte de la distracción y a darte una idea de su naturaleza, no para atraparte más en ella.

Hacernos estas preguntas en respuesta a la distracción que surgió nos permite divorciarnos de ella, retirarnos mentalmente de ella, desconectarnos de ella, y verla de forma objetiva. Debemos dejar de pensar el pensamiento o de sentir el sentimiento a fin de considerarlos como objetos de inspección. Este proceso es un ejercicio de *mindfulness*, desapegado, de conciencia neutral. Y luego volvemos a la respiración.

La distracción en sí puede ser cualquier cosa: un sonido, una sensación, una emoción, una fantasía, cualquier cosa. Sea lo que sea, no intentes reprimirla. No intentes sacártela de la cabeza. No hay necesidad de hacerlo. Solo obsérvala atentamente y con la máxima atención. Examina la distracción en silencio y pasará por sí misma. No te condenes a ti mismo por distraerte. Las distracciones son naturales. Vienen y se van. Y cada vez que lo hagan, regresa a la respiración.

Pero te vas a condenar igualmente. Eso también es natural. Observa el proceso de condena como otra distracción, y luego regresa a la respiración. Observa la secuencia de los eventos: *Respiración. Respiración. Pensamiento distractor que surge. Frustración que aparece por el pensamiento que distrae. Condenación por estar distraído.*

Te das cuenta de la autocondenación. Vuelves a la respiración. Respiración. Respiración. Realmente es un ciclo muy natural, suave y fluido. El truco, por supuesto, es la paciencia.

No tienes más que observar la distracción y volver a la respiración. No pelees con estos pensamientos que te distraen. No te esfuerces ni luches. Es una pérdida de tiempo y de energía. Cada pedacito de energía que aplicas a esa resistencia entra en el complejo del pensamiento y lo hace más fuerte. Así que no intentes sacar esos pensamientos de tu mente. Es una batalla que nunca se puede ganar.

La atención es una función que desarma las distracciones, de la misma manera que un experto en explosivos puede desactivar una bomba. Las distracciones débiles se desarman con una sola mirada. Si iluminas la luz de la conciencia sobre ellas, se evaporan. Los patrones de pensamiento habituales y profundamente arraigados requieren una atención constante y repetida durante el período de tiempo que sea necesario para romper su control. Las distracciones son realmente tigres de papel. No tienen poder propio. Necesitan ser alimentadas constantemente, o de lo contrario mueren. Si te niegas a alimentarlas con tu propio miedo, ira y avaricia, se desvanecen.

Lo crucial es ser consciente de lo que está ocurriendo, no controlar lo que está ocurriendo. Todo lo que surge en la mente es visto como una oportunidad más para cultivar la atención. La respiración, recuerda, es un centro de atención arbitrario, y se usa como nuestro principal objeto en el que enfocar la atención. Las distracciones se utilizan como objetos secundarios. Ciertamente son tan parte de la realidad como la respiración.

Puedes permanecer atento a la respiración, o puedes estar atento a la distracción. Puedes estar atento al hecho de que tu mente está quieta y tu concentración es fuerte, o puedes estar atento al hecho de que tu concentración está descentrada y tu mente está inmersa en un absoluto caos.

Todo es mindfulness.

21. Cinco escollos

Las distracciones vienen en todos los tamaños, formas y sabores. A una categoría de las mismas tradicionalmente se las denomina *obstáculos*, porque en cierto sentido bloquean el desarrollo de ambos componentes de la meditación: la atención y la concentración. Pero aunque las llamemos obstáculos, eso no significa que deban ser reprimidas, evitadas o condenadas. Todo lo que tenemos que hacer es verlas y trabajar con ellas, en cada una de sus cinco forma principales.

Deseo. Supongamos que te has distraído con alguna experiencia agradable durante la meditación. Podría ser una fantasía agradable o un pensamiento de orgullo. Podría ser un sentimiento de autoestima. Podría ser un pensamiento de amor o incluso la sensación física de dicha que viene aparejada con la experiencia de meditación en sí misma. Sea lo que sea, lo que sigue es el estado de deseo..., de obtener lo que sea en lo que hayas estado pensando, o deseando prolongar la experiencia que estás teniendo. Sea cual sea su naturaleza, debes gestionar el deseo de la manera siguiente.

Observa el pensamiento o la sensación a medida que surge. Sé consciente del estado mental de deseo que lo acompaña como una cosa separada. Fíjate en el grado exacto de ese deseo. Luego fíjate en cuánto tiempo dura y cuándo desaparece finalmente. Cuando lo hayas hecho, vuelve a prestar atención a la respiración.

Una cosa que debes tener en cuenta, es que el anhelo y el deseo también pueden ser dirigidos a cosas que normalmente consideramos como virtuosas o nobles. Puedes experimentar el deseo de perfeccionarte a ti mismo. Puedes sentir ansia de una mayor virtud. Incluso puedes desarrollar un apego a la dicha de la experiencia de la meditación misma. Es un poco difícil desprenderse de esos nobles sentimientos. Al final, sin embargo, no es más que codicia. Es un deseo de gratificación y una forma inteligente de ignorar la realidad del momento presente. Pero la práctica ha de continuar incluso con estos nobles sentimientos. Toma nota y regresa a la respiración.

Aversión. Supongamos que te has distraído a causa de alguna experiencia negativa. Podría ser algo que temes o una preocupación persistente. Puede ser culpa, depresión o dolor. Cualquiera que sea la sustancia real del pensamiento o sensación, te encuentras rechazándolo o reprimiéndolo, tratando de evitarlo, resistirlo o negarlo. Lo que debes hacer aquí es esencialmente lo mismo que antes. Observa la aparición del pensamiento o sensación. Observa el estado de rechazo que llega con ellos. Calcula el alcance o grado de ese rechazo. Mira cuánto dura y cuándo se desvanece. Luego devuelve la atención a tu respiración.

Letargo. Esta sensación puede aparecer en distintos grados e intensidades, que van desde una ligera somnolencia hasta un completo letargo. Estamos hablando de un estado mental, no físico. La somnolencia o fatiga física es algo muy diferente y, en el sistema budista de clasificación, se consideraría una sensación física. El letargo mental está estrechamente relacionado con la aversión en el sentido de que es una de las pequeñas maneras inteligentes de la mente de evitar los problemas que encuentra desagradables. El letargo es una especie de apagón del aparato mental, un entorpecimiento de la agudeza sensorial y cognitiva.

Esto puede ser difícil de manejar, porque su presencia es directamente contraria al empleo de la atención. El letargo es justo lo contrario del uso del mindfulness. Sin embargo, el mindfulness es la cura para este obstáculo, y también la herramienta para gestionarlo. Observa el estado de somnolencia cuando aparezca, y fíjate en su extensión o grado. Presta atención a cuándo surge, cuánto tiempo dura y cuándo muere. Lo único especial aquí es la importancia de detectar el fenómeno a tiempo. Si lo dejas empezar, su crecimiento probablemente superará tu poder de atención plena. Cuando el letargo gana, el resultado es el torpor mental o incluso el sueño.

Inquietud. Los estados de inquietud y preocupación son expresiones de agitación mental. Tu mente sigue dando vueltas, negándose a conformarse con cualquier cosa, con un componente predominante que es una sensación inestable. La mente salta constantemente. La cura para esta condición es la misma secuencia básica. La inquietud imparte una cierta sensación a la consciencia. Podrías llamarla sabor o textura. Como quiera que la llames, esa sensación inestable está ahí como una característica definible. Búscala. Una vez que la hayas identificado, fíjate en qué grado está presente. Observa cuándo surge, cuánto dura y cuándo se desvanece. Entonces devuelve tu atención a la respiración.

Duda. Esta experiencia cuenta con su propia y distintiva sensación en la consciencia. Es la sensación de una persona moviéndose con torpeza a través de un desierto y llegando a una encrucijada sin letreros que indiquen dirección alguna. ¿Qué camino deberías tomar? No hay manera de saberlo. Así que te quedas allí de pie, vacilando. Una de las formas que esto adopta en la meditación es un diálogo interior parecido a algo así: «¿Qué estoy haciendo sentada así? ¿De verdad estoy sacando algo de todo esto? ¡Oh! Claro que sí. Esto es bueno para mí. El libro lo dice. No, eso es una locura. Esto es una pérdida de tiempo. No, no me rendiré. Dije que iba a hacer esto, y lo voy a hacer. ¿O solo estoy siendo testaruda? No lo sé. No lo sé. Simplemente no lo sé». No caigas en esta trampa. Es solo otra de las pequeñas cortinas de humo de la mente para evitar que te des cuenta de lo que está pasando. Para gestionar la duda, simplemente hazte consciente de este estado mental de vacilación como objeto de inspección. Da un paso atrás y obsérvalo. Fíjate en su fortaleza, en cuándo aparece y cuánto tiempo dura. Luego observa cómo se desvanece, y regresa a la respiración.

22. Trabajar por igual con todos los estados

En cierto modo, la motivación para trabajar con los llamados obstáculos es fácil de conseguir; después de todo, es fácil verlos como problemáticos. Sin embargo, más delicados son esos estados mentales realmente positivos que llegan reptando a tu meditación. Felicidad, paz, satisfacción interior, simpatía y compasión por todos los seres en todas partes. Estos estados mentales son tan dulces y tan benevolentes que apenas puedes soportar liberarte de ellos. Apreciándolos, puedes sentirte como un traidor ante el sufrimiento de la humanidad. Pero en realidad, no hay necesidad de sentirse así, y no es necesario *rechazar* estos estados de ánimo ni convertirnos en robots sin corazón. Solo necesitamos verlos como lo que son: estados mentales. Vienen y van. Surgen y mueren. A medida que continúes tu meditación, estos estados surgirán más a menudo. El truco es no apegarse a ellos. Limítate a observar cada uno de ellos cuando se manifiestan. Fíjate en qué es, en su fortaleza y en cuánto tiempo dura. Luego observa cómo se aleja. No es más que una ampliación del espectáculo pasajero de tu propio universo mental.

Esto conduce a un principio general para trabajar con todos los estados, que puede parecer hasta casi demasiado simple. Quieres ver realmente a cada uno de ellos surgiendo –ya sea dolor, bienaventuranza, aburrimiento o cualquier otra cosa– en su forma natural y no adulterada. Pero eso no es nada fácil.

La mente humana busca conceptualizar los fenómenos y ha desarrollado una gran cantidad de formas inteligentes para hacerlo. Cada simple sensación desencadenará un estallido de pensamiento conceptual si le das a la mente la posibilidad de hacerlo.

La conceptualización es un proceso insidiosamente inteligente. Se mete en tu experiencia, y toma el control. Cuando se escucha un sonido en la meditación, presta una atención estricta a la experiencia de escuchar. Solo eso. Lo que realmente está sucediendo es tan simple que podemos pasarlo por alto.

Las ondas sonoras están golpeando el oído con cierto patrón discernible. Esas ondas están siendo traducidas a impulsos eléctricos dentro del cerebro, y esos impulsos presentan un patrón de sonido a la conciencia. Eso es todo. No hay imágenes. Ni películas mentales. Nada de conceptos. Nada de diálogos interiores sobre la cuestión. Solo ondas sonoras. La realidad es elegantemente simple y sin adornos.

Cuando escuches un sonido, sé consciente del proceso auditivo. Todo lo demás es cháchara añadida. Suéltala. Esta misma regla se aplica a todas las sensaciones, a cada emoción, a cada experiencia que puedas haber tenido. Observa detenidamente tu propia experiencia. Perfora a través de las capas de chatarra mental y observa lo que hay ahí realmente. Te sorprenderá lo simple que es, y cuán bello.

Hay ocasiones en que pueden surgir una serie de sensaciones a la vez. Puedes tener un pensamiento de miedo, un retortijón en el estómago, un dolor de espalda y una picazón en el lóbulo de la oreja izquierda, todo al mismo tiempo. No te quedes ahí sentado sin saber qué hacer. No sigas yendo de un lado a otro o preguntándote qué escoger. Una de esas sensaciones será la más fuerte. Solo ábrete, y el más insistente de estos fenómenos se inmiscuirá y exigirá tu atención. Presta atención solo el tiempo suficiente para identificarlo y luego regresa a la respiración. Si otra sensación se entromete, déjala entrar. Cuando termines, regresa a la respiración.

Pero no te quedes ahí sentado *buscando* «cosas de las que ser consciente». Mantén tu atención en la respiración hasta que algo más se interponga en tu camino y obtenga tu atención. Cuando sientas que eso está sucediendo, no te resistas. Deja que tu atención fluya naturalmente hacia la distracción, y mantenla allí hasta que la distracción se evapore. Luego vuelve a la respiración. No busques otros fenómenos físicos o mentales. Solo regresa a la respiración y deja que lleguen a ti.

Habrá momentos en que te distraigas, por supuesto. Incluso después de una larga práctica te encuentras a ti mismo despertando de repente, dándote cuenta de que has estado fuera de órbita durante algún tiempo. No te desanimes. Date cuenta de que has estado fuera de órbita durante tanto tiempo y vuelve a la respiración. No hay necesidad de ninguna reacción negativa. El mismo acto de darse cuenta de que has estado fuera de órbita es una conciencia activa. Es un ejercicio de pura conciencia en sí mismo.

Lo cierto es que el mindfulness aumenta mediante el ejercicio del mindfulness. Es como ejercitar un músculo. Cada vez que lo trabajas, lo tonificas un poco. Lo haces un poco más fuerte. El hecho mismo de que hayas sentido esa sensación de despertar significa que acabas de mejorar tu poder de mindfulness.

Aplica estos principios a fondo a todos tus estados mentales. Se trata de un requerimiento despiadado. Es el trabajo más duro que jamás emprenderás. Te encontrarás relativamente dispuesto a aplicar esta técnica a ciertas partes de tu experiencia, y también te descubrirás totalmente renuente a usarlo en las otras partes.

El mindfulness es una vigilancia imparcial. No toma partido. No se cuelga de lo que percibe. Solo percibe. El mindfulness no se enamora de los buenos estados mentales. No se trata de eludir los estados mentales malos. No hay que aferrarse a lo placentero huyendo de lo desagradable. El mindfulness trata todas las experiencias por igual, todos los pensamientos por igual, todas las sensaciones por igual: todos surgen por igual. No se reprime nada. El mindfulness no tiene favoritos.

El mindfulness es a la vez la propia atención esencial y la función de recordar que prestemos atención esencial si hemos dejado de hacerlo. La atención esencial se fija. Se autorrestablece simplemente al darse cuenta de que no ha estado presente. Tan pronto como te des cuenta de que no has estado prestando atención, entonces por definición te estás dando cuenta y luego vuelves de nuevo a prestar esa atención esencial.

Aplica el mindfulness a cada aspecto de tu vida. Después de todo, el concepto de tiempo desperdiciado no existe para un meditador serio. Los pequeños espacios muertos a lo largo del día pueden convertirse en beneficiosos. Puedes utilizar todos los momentos libres para meditar. Al permanecer sentado lleno de ansiedad en el consultorio del dentista, medita en tu ansiedad. Al sentirse irritado al permanecer de pie en una cola en el banco, medita sobre la irritación. Al sentir aburrimiento, girando los pulgares en la parada del autobús, medita en el aburrimiento. Trata de mantenerte alerta y consciente durante todo el día. Sé consciente de lo que sucede exactamente ahora mismo, incluso si es una tediosa monotonía.

Aprovecha los momentos de soledad.

Aprovecha las actividades que son en gran parte mecánicas.

Usa cada segundo libre para estar atento.

Usa todos los momentos que puedas.

23. El factor final: la acción ética

Hay tres factores integrales en la meditación budista: moralidad, concentración y sabiduría. Estos tres factores crecen juntos a medida que tu práctica profundiza. Cada uno influye en el otro, por lo que se cultivan los tres a la vez, no por separado. Cuando cuentas con la sabiduría necesaria para entender en verdad una situación, la compasión hacia todas las partes involucradas surge de forma natural, y la compasión significa que te vuelves más capaz de contenerte de cualquier pensamiento, palabra o acción que pueda dañarte a ti mismo o a otros; por lo tanto, tu comportamiento es naturalmente moral. Solo cuando no entiendes las cosas en profundidad, creas problemas. Si no percibes las consecuencias de tus acciones, meterás la pata. La persona que espera para volverse totalmente moral antes de comenzar a meditar está esperando una situación que nunca se presentará. Los antiguos sabios dicen que esta persona es como un hombre que espera que el océano se calme para poder bañarse.

Para comprender mejor esta relación, pongamos que existen niveles de moralidad. El nivel más bajo es la adhesión a un conjunto de normas y reglamentos establecidos por otra persona. Podría ser tu profeta favorito. Podría ser el Estado, el jefe de tu tribu o un padre. No importa quién genere las reglas, todo lo que tienes que hacer en este nivel es conocerlas y seguirlas. Un robot puede hacer eso. Incluso un chimpancé entrenado podría hacerlo si las reglas fueran lo suficientemente simples y se le pegaba con un palo cada vez que transgrediera una. Este nivel no requiere ninguna meditación. Todo lo que necesitas son las reglas y alguien para empuñe el palo.

El siguiente nivel de moralidad consiste en obedecer las mismas reglas incluso en ausencia de alguien que pueda llegar a golpearte. Obedeces porque tienes interiorizadas las reglas. Te abofeteas a ti mismo cada vez que rompes una. Este nivel requiere un poco de control mental. Pero si tu patrón de pensamiento es caótico, tu comportamiento también será caótico. El cultivo mental reduce el caos mental.

Hay un tercer nivel de moralidad, que podríamos denominar «ética». Este nivel es un salto cuántico con respecto a los dos primeros niveles, un cambio completo de orientación. Al nivel de la ética, una persona no sigue reglas duras y rápidas dictadas por la autoridad. Una persona decide seguir un camino dictado por la atención, la sabiduría y la compasión. Este nivel requiere de un verdadero discernimiento, y de la capacidad de hacer malabarismos con todos los factores en cada situación para llegar a una situación única, creativa y a una respuesta apropiada en cada ocasión. Además, el individuo que toma estas decisiones necesita haberse extirpado de un punto de vista personal limitado. La persona tiene que percibir toda la situación desde un punto de vista objetivo, dando igual de importancia a sus propias necesidades y a las de los demás.

En otras palabras, tal persona tiene que estar libre de la codicia, el odio, la envidia y toda la basura egoísta que por lo general nos impide escuchar la opinión del otro sobre un asunto. Solo entonces podremos discernir el conjunto preciso de acciones que resultarán realmente óptimas para esa situación. Este es nivel de moralidad que exige la meditación, a menos que hayas nacido santo. No hay otra manera de adquirir esa habilidad.

Además, el proceso de clasificación requerido en este nivel es agotador. Si trataste de hacer malabares con todos esos factores en cada situación con tu mente consciente, seguro que te agotaste. El intelecto no puede mantener tantas bolas en el aire a la vez. Afortunadamente, un nivel más profundo de consciencia puede realizar este tipo de procesamiento con facilidad.

La meditación puede llevar a cabo el proceso de clasificación para ti.

Algunos consejos
para fomentar el mindfulness

No importa cuán duro persigas el placer y el éxito, hay momentos en los que
fallarás.

Por muy rápido que huyas, hay veces en que el dolor te alcanza.

El momento presente está cambiando tan rápido... que a menudo no nos damos
cuenta de su existencia.

Solo puedes tener dicha si no la persigues.

Tu propia práctica puede mostrarte la verdad.
Tu propia experiencia es todo lo que cuenta.

Nada que valga la pena se consigue de la noche a la mañana.

El tú que entra por un lado de la experiencia de meditación no es el mismo tú
que sale por el otro lado.

En la meditación, no esperes nada. Solo siéntate y observa lo que sucede.

No te preocupes por ningún resultado en absoluto.

No te esfuerces. No fuerces nada ni hagas grandes y exagerados esfuerzos.

Permite que tu esfuerzo sea relajado y constante.

Se dice que solo hay dos tragedias en la vida: no conseguir lo que uno quiere, y conseguirlo.

No hay placer sin algún grado de dolor.
No hay dolor sin algún tipo de placer.

La atención nunca es aburrida. ¡Observa con atención!

Llegue lo que llegue..., ajústate a todo lo que encuentres, sea lo que sea.

Concéntrate en tus propias acciones y asume la responsabilidad de las mismas.

Suelta el hábito de aferrarte a la gente, a las cosas materiales y a las ideas, creencias, valores y opiniones.

No pienses. Mira.

El dolor es inevitable; el sufrimiento no lo es.

Negar tus defectos y culpar al mundo de tu descontento te mantiene atascado en la infelicidad.

En el momento en que aceptas la responsabilidad de tu situación, empiezas a moverte en una dirección positiva.

La esencia de nuestra experiencia es el cambio. El cambio es incesante.

Momento a momento la vida fluye, y momento a momento cambia.

Suelta. Aprende a fluir con todos los cambios que surjan. Afloja y relájate.

Cualquier actitud que utilicemos habitualmente hacia nosotros mismos, la utilizaremos con los demás.

No se puede conseguir todo lo que se quiere; por suerte, hay otra opción: puedes aprender para trabajar con tu mente.

La meditación discurre en la realidad.

El mindfulness te permite ahondar profundamente en la vida.

Acepta todo lo que surja.

Acepta tus sentimientos, incluso los que desearías no tener.

Acepta tus experiencias, incluso las que odias.

No te condenes a ti mismo por tener defectos y fallos humanos.

Aprende a ver todos los fenómenos de la mente como algo perfectamente natural y comprensible.

Trata de ejercer una aceptación desinteresada con respecto a todo lo que experimentas.

Hay una diferencia entre *observar* la mente y *controlar* la mente.

Observar la mente con una actitud gentil y abierta permite que la mente se asiente y llegue a descansar.

Tratar de *controlar* la mente no hace más que provocar agitación y sufrimiento.

La meditación es una observación participativa.

Lo que estás observando responde al proceso de observar.

Lo que estás observando eres tú mismo; y lo que observas depende de cómo observas.

Sé gentil contigo mismo.

Sé amable contigo mismo.

Puede que no seas perfecto, pero eres todo lo que tienes para trabajar.

El proceso de convertirte en lo que serás comienza primero con la aceptación total de quien eres.

La ignorancia puede ser una bendición, pero no conduce a la liberación.

Investígate a ti mismo.

Cuestiónalo todo.

No des nada por sentado.

No te creas nada solo porque suene sabio... Compruébalo por ti mismo.

El mindfulness momento a momento te ayuda a evitar acciones lamentables.

La forma de salir de una trampa es estudiar la trampa en sí para aprender cómo está construida

Considera las negatividades que surgen como oportunidades para aprender y crecer.

Regocíjate, sumérgete e investiga.

Sumérgete, investiga y regocíjate.

La meditación requiere agallas.

Cuando lo estés pasando mal, examina esa maldad: obsérvala atentamente, estudia el fenómeno, aprende su mecánica.

Elige bien tu discurso.

Evita la indulgencia excesiva.

Recuerda esforzarte por lograr la paz con los que te rodean.

Cierra los ojos un minuto y podrás experimentar cómo nace, envejece y muere una sensación o una emoción.

El *Dharma* es un refugio en el que siempre podemos confiar con solo recordarlo.